JN297254

パパ、ママどうして死んでしまったの

スウェーデンの子どもたち31人の手記

編者◉スサン・シュークヴィスト
訳者◉ビヤネール多美子

[redacted] Mamma föddes den:
22/1-1956 och dog den 1/3-1996.
Namn: Mary, Lousie, Chkristina Wright
En sak som jag minns är att när
jag var liten och hela tiden kissade på
mig. Då tänkte mamma och pappa
att dom skulle lära mig att gå på toan
då frågade mamma så här: (då satt jag på
toan) "Kan you do so "tinkle tinkle" for
me"
Ditt hus
kära mamma,
jag saknar dig jättemycket ! Kan inte du komma tillbaka?
Mamma, finns det en himmel? Om det gör det så vill jag hälsa
på.Har du träffat Gud?
LOVE NORAH

論創社

Du är hos mig ändå

Ungdomar och barn om att mista en förälder

by SUZANNE SJÖQVIST

Copyright © Suzanne Sjöqvist

2005

はじめに

この本は母や父を亡くし、その悲しみがどのようなものであるかを深く知っている子どもたちによって書かれました。彼らは、いちばん辛かった時について、失った人について、これからの人生をどうやって乗り越えていくかについて書いています。また書き手の子どもたちは自分たちの体験や考えや感情をことばにして、未だに寂しさや悲しみにふさいでいる他の仲間たちだけでなく、それ以外のすべての人と経験を分かち合いたいと願っています。

子ども時代に親を亡くした人たちは、比較的大きな〝ファミリー〟に属しています。〔スウェーデンでは〕一年に二三〇〇人ほどが父親を、一〇〇〇人ほどが母親を、数十人ほどが両親を失っています。もちろん昔のほうが親が子を残して死亡する率が高かったことは当然のことです。八〇年前には、一六歳になるころには五人にひとりが親を失っていました。現在では一〇〇人に三、四人の子どもたちがこうした辛い目にあっています。

〝悲しみにひたる兄弟姉妹たち〟には、お互いの深淵を感じること、どうしたらふたたび喜びにみちた人生にもどれるのか、新たな日常生活にもどるにはどうしたらよいかといった暗示が必要です。他の人たちのことを知ることで、自分がひとりでないことを知り、痛みが和らぎ、心が軽くなるのです。

この本がみなさんに伝えたいメッセージはごく簡単です。子どもたちは、「向こうに押しやらないで、いっしょに仲間にいれて」「病室や霊安室に入っていく勇気を与えて」「いくらわたしが小さくてもお別れする権利はあるのよ」「お葬式やわたしたちがこれからどのように生きていくのかを決めることにも参加をさせて」と近しい人に訴えています。また周りの人には「こちらを見て、だまっていないで何かいって」「ちょっとしたことでいいから、何かしてくれないかなあ」「背中をむけないで」といっています。

沈黙の壁、遠慮、間違った気遣い、無関心といったことは彼らの悲しみを増幅させ、孤独感にかりたて、疎外感を感じさせ、沈黙を残忍なことのようにすら感じさせてしまうかもしれません。子どもたちが危機に瀕している際に助けてくれる支援機関の職員や、悲しみを癒すグループのプロは去ってしまっても、親戚、友達、ガールフレンドやボーイフレンド、家族の友人たち、近所の人、学校の先生、スポーツクラブのコーチなど、わたしたちアマチュアは子どもたちのもとに残り、引き続き助けになりたいと思っています。ところが、いくらわたしたちが彼らを支えたい、支えることができると思っても、時には相手の無骨さや無口さで、どうして助けたらよいものかわからないで途方にくれ、最悪の場合には黙ってそこから逃げだしてしまうことさえあります。

どんなことを話したらいいのだろう、何か訊ねてもいいのだろうか、どう対応したものだろうか？　とわたしたちはとまどいます。でもこの本の中で、子どもたちはわたしたちにどうしてほしいのか、絶対にしてほしくないことは何か、どのように相対してほしいのかを答えてくれているのです。

「それで、君のママは？」「ママは死んだ」「あっ、ごめんなさい」ここで会話はとぎれてしまい、両者がばつの悪い思いをしてしまいます。母親を失った子が「べつに君が悪いわけではないよ」「もっと聞いてよ！」と叫びだしたいほどなのに、続けて話を聞こうとする人は少ないのです。涙を誘うのがこわいのでしょうか、それとも悲しみが感染してしまうとでも思っているからでしょうか？

この本は病院、警察、葬儀屋、学校、臨床心理士の部屋、スポーツセンターあるいは教会などで悲嘆にくれた子どもたちに出会った時に、どうしたらもっとうまく子どもたちに対応できるのか、そのアイディアを提供しています。

けれどこの本の一番の目的は、何よりも藁をもつかみたい子どもたちを助けたいということです。子どもの悲しみを伝える本をまとめようというアイディアは、一二歳の時に母親を失った一四歳のデンマークの少女の話から生まれました。

ある日わたしがジムに行く途中、車のラジオから聞こえてきたのはデンマークの子どもたちが書いた作文を紹介する番組で、親を失うということがどういうことなのかについて話していました。まるで魔法にかけられたかのように、わたしはただただその番組に聞き入っていました。なぜならわたしの子ども時代からの秘められたトラウマに、その子どもたちがふれていたのですから！　駐車場に着いてもわたしは動けず、ラジオから聞こえてくる長い会話に釘付けになっていました。そうしているうちにエアロビクスの仲間たちは、練習を終え帰宅しようとしていました。

翌日わたしはその散文集を見つけました。本を読むにつれ、錠がはずされ、心が溶け始め、何かを感じ始めたのです。まるで石に刻まれたかのようだったわたしの記憶が、語りはじめたのです。心臓が痛みを感じるぐらいにしめつけられ、瞼の中で涙がほとばしりました。そんな経験は初めてでした。本を読みながら、確かにそう感じたわ、わたしもそう考えたの、悲しみはそんなだったとひとつずつうなずいていました。本の内容は夜の暗闇のようなテーマなのに、清めの水となったのでした。そしてこの支えをわたしは見ず知らずの子どもたちからもらったのです。デンマークではこの本は「人と関わりあう職業」の授業のための教育用教材として、会話を深く掘り下げて行うために使われています。

これらデンマークの子どもたちに影響を受け、わたしはスウェーデンの子どもたちに自分の体験を書いてみないかと勧めてみました。子どもたちの多くが自国に住んではいても、彼らが経験したことや意識は普遍的なことで、親の死に会う子どもたちは世界のどこにでもいます。書き手の何人かは外国で生まれ、スウェーデンに移ってきた子どもたちです。

この本は三一人の子どもたちが自由に思ったままを書いた手記を集めたもので、読む人を元気づけ、孤独から救ってくれます。それぞれがすばらしい語り手です。彼らの賢い言葉、家族の写真、すばらしい協力に感謝します。ありがとう！

この本のいちばん年長の語り手は二〇歳になりました。そして一番小さい語り手は一歳です。そう、本当のことですよ。パパが急性の心筋炎で亡くなった際、死に目に、彼はあっています。それ以来、遊ぶことも眠ることもできないで、不安で怒りっぽく、悲しみに沈んでいました。でも臨床心理士を〝秘書〟として、彼は自分の苦しみを〝書く〟ことができたのです。

悲しみに関する本はすでに山ほどあるのではないでしょうか？

確かにたくさんそういった類の本は出ていますが、少し大きな子どもや十代の若者たちのために、それも同年代の子どもたちが書いたという本はほとんどありません。

幼い子どもたちのためには、亡くなったお年寄りを子どもや孫が悼むといったやさしいすてきな絵本はあります。でも苦痛に満ちた突然の死、あるいは長引いた苦しみの末の死、その死が幼い子やもう少し大きな子どもから父や母を奪いとってしまうことについては、考えることも語ることも難しいのです。この本はその試みですが、子どもたちがはっきりしたことばで書き綴ることができることを教えてくれています。

語り手である息子や娘たちは、親をなくしたことを不安な言い回しではなく、暖かく率直に語っています。多くの子どもたちが地上で生を終えた後は、ママやパパと、たとえば屋根の上でとか、どこかでふたたび会えるという希望をもっています。再会できるまでの間、パパもママももう実在はしないけれど、『それでもあなたはわたしといっしょにいる』〈原著のタイトル〉と子どもたちはそれぞれのかたちでいっています。

この子どもたちの父や母が「静かに眠りについた」事例はまれです。というのも働いていて活動的な年齢であった親が死んでしまったのですから。そして子どもにとって死とは、その原因ががんであろうと、事故や自殺そして心臓病であろうと、常に突然のことであり、思いがけないことだったのです。この本で語られる父あるいは母の死因は九人ががんで、六人が心臓病、二人がアルコール依存症、二人が不治の難病、その他交通事故、内戦、スポーツ用の飛行機事故、落下傘降下による事故で母あるいは父が死亡しています。二人の兄妹は二〇〇四年にタイで起きた津波で両親を奪われてしまいました。二人の父と母一人が自殺をしています。

母親二人は自分の家で夫つまり子どもの父親に殺されたのですが、このようなＤＶ事件はとても稀なことです。〔スウェーデンでは〕片親を亡くした子どもの〇・五パーセント以下です。それでも毎年一〇人から一五人がこのようにして母親を失うのです。わたしたちはこういった事件についてニュースで知って身震いしますが、視聴者や読者にとってはその事件はそれで終りです。でもこの本では二人の子どもが、その後何が起きたかを書き綴っています。子どもたちは、殺人罪で長い刑期を過ごさなければならない父親を失い、同時に安心して過ごせる家庭も失ったのです。その後子どもたちは心が傷ついたままでどのように暮らしているのか、どのように新しい毎日を過ごし、散りぢりになった家族の絆を取り戻そうと努力しているのかを語っています。

なぜ彼らがこういうことを書き綴るのかといえば、こうしたことがどうして起こってしまったのかを、まわりの人たちに知ってもらいたいからです。このようなことを語り、伝えることはとても勇気のいることです。だから彼らのありえないような恐ろしい話を載せないのは間違いだと思います。起こってしまったことは起こってしまったことなのです。事件に遭遇した人は語らなければならないし、読者であるわたしたちはどんなに読むのが辛くてもそれを受け入れなければなりません。

この本の語り手たち全員から、わたしたち読者がどれだけ信頼されているか、理解する努力が必要です。こうした話なくしては、恐怖や暗闇やカオスから抜け出すための小道は見つけだすことはできませんし、陽光の射す森の空き地に辿りつき、そこで新しい確信や贖罪を得ることがあるのだということを、知ることはできないのです。

とくに年少者たちのために、家で教室であるいはグループで、大切なことを話すきっかけとして、大人といっしょにこの本を読み、話しあうこともいいことだと思います。

一六歳の少年は一〇歳の時に父親をなくし、その時何を考え、どう感じたのかを大人になった時に読んでみたい、時がたつにつれ忘れてしまっていることが多いのに気がついた、記憶がなくなってしまわないうちにこの本に書き残しておきたいといっていました。

何が起きたのかということを自分なりに解釈し、恋しい親について書き終えた語り手たちは「とても重いことだったけれど、すっきりした」といいました。わたしには彼らの気持ちがよくわかります。なぜならわたしも彼らと同じ〝ファミリー〟に属しているからです。

「やさしい神様、ママとパパが死なないようにしてください。彼らがわたしより前には決して死ぬことのないようにしてください」と、わたしは密かに夕べのお祈りの時に願ったものでした。それでもわたしの父、ハラルドは死んでしまいました。心臓に血栓ができたのでした。わたしが一〇歳の時のことです。父がわたしを抱きしめようとしたあの最後の時に、わたしは父の胸元から抜け出してしまった、このことがいつも父に対する負い目になっていました。わたしはこれからは決して喜んだり、楽しんだりしてはいけないのだ、と自分にいって聞かせました。その約束事は一七歳まで守り続けました。

「パパが死んでおもしろかった？」ある日、学校へ行こうと走っていたわたしに追いついたクラスメートの女の子がわたしに聞きました。彼女はもしかするとそんな風に尋ねたのではないのかもしれない⁉　でもわたしにはそう聞こえたのです。その瞬間からわたしはその子の名前、声、スカート、犬、筆跡、青白い肌、彼女が住んでいる丘を憎むようになりました。お葬式の翌日、森の小道でわたしは彼女に怒りをこめて「わたしのパパはね……生きているのよ」といったのでした。

父はわたしにとって口に出さない限り死んではいないのです。いつの日か、眠り姫のような長い眠りから目を覚ましたとき、父はまた家に帰ってくると思っていたのです。「神様、どうぞ起こったことをなかったことにしてください。そうすればパパを取り返すことができます」

〝パパは死んだ〟この事実を受け入れるのに、わたしには七年もかかったのです。だれかわたしが知らない人から父に電話があった時には、こんなふうに応対をしたのです。

（リーン、リーン）

「もしもし」

「お父さまはいらっしゃいますか？」

「いません」

「いつ、戻られますか」

「わかりません」

「折り返し電話をくださるよう伝えてください」

「できません」

「ではまた、後でかけ直します」

「だめです」

「どこかにお出かけされているのですか」

「そうです」

「いつごろお戻りですか」

「ぜったいに帰ってきません」

そして受話器をがしゃんと置きました。


母イェルトルードは、わたしが心を開くようにといろいろ手を尽くしてくれました。でもわたしは一七歳になって、ボーイフレンドのヨンのおかげでやっと心の氷を溶かすことができました。彼はわたしが避けていたことばが〝死〟であることに気付き、「君のパパは死んでいるんだよ、ぼくもだ」といったのでした。それからわたしたちは一九年間父親について話をし続けたのです。

わたしの母は、一年間も外出する時には黒いベールを顔にかけていました。そして、わたしのブルーのジャケットには襟に喪章のリボンがついていました。これは二人が悲しみを背負っていることを示すためでした。わたしはそれが恥ずかしくて、人々はきっと「未亡人がかわいそうな娘といっしょに歩いてくるわ」と見ていると思っていました。でもある意味では守られているような気もしました。というのも人々がわたしたちを気にかけてくれたからです。悲しみで傷ついたわたしたちには人々が慎重になってくれるのは必要なことでした。

今日では、悼み悲しむ子どもたちは、むかしよりはずっと気に留めてもらい、理解されているのではないかとわたしは思います。ぜひ実際にそうであってほしいものです。これはとても大切なことですから。しかしそのためには正しいやり方で接してあげなければなりません。避けるような視線、思いやりがなかったり、言ってはいけないことば、そして虚偽のことばは、思いがけないちょっとした同情のことばと同じように、深く記憶に焼きつけられるからです。また、それまでの人生の中で隅っこにいてほとんど知らなかった人が新しい親友として突然登場することもあります。

わたしの子どもたちがまだ一一歳、一二歳、一五歳で父親を心臓発作で失った時でした。その朝、一二歳の子のクラスメートが家族といっしょにドアのところに立っていたのです。友達のパパは鍋一杯の湯気がたっているお粥をかかえていました。その家族は仕事や学校や保育所を休んでわたしたちを訪ねてくれました。

お粥が台所のテーブルに置かれ、彼らは部屋に入ってくれて、わたしたちを抱きしめ、話を聞き、何もいわず、花に水をやり、コーヒーを沸かし、微笑んでくれたのでした。わたしたちは親類でもなければ、仲のいい友達ということでもないのにです。でも友達のママは九歳の時に両親を失い、わかっていたのです。そしてその友達のパパはギリシャ人で「お悔やみをいう」のではなく、悲嘆にくれる家族の家に馳せ参じ、悲しみの席に参加することに慣れていたのです。

この本を必要としていたのは、わたしの子どもたちよりもわたしのほうでした。語り手たちの家族も、悲嘆にくれる子どもたちを支援することを職業としている人たちも、このような本を望んでいました。「そんな本があったら……」とこの本のプロジェクトの前途に幸運を祈ってくれました。

ストックホルム大聖堂のクリスティーナ・ユングレン牧師は――彼女の子どもたちも一〇歳と一二歳で父親を亡くしています――よく学校に出向いて悲しみについて話をします。学校では「家族の死からナナフシ虫の死に至るまで」、いろいろな死について子どもたちが話してくれるそうです。ユングレン牧師は、幼くして親を失った子どもは人生体験に特別な深みをもっているといいます。聡明さと成熟の度合い、すべての分野においてではないけれど、多くの分野でそれがいえるといっていました。

子ども時代が突如として去り、何もかも前のようにはいかないし、たやすいことではなくなってしまいます。悲しみを免れた多くの人が思う以上に、悲しむことはエネルギーを必要とします。でも長い目で見れば悲しみが生み出す強い力が、逆に時間をかけてゆっくりと築きあげられていきます。そうした力はここに書かれた話の中に、心を揺さぶる原動力として芽をふいています。

わたしたち〝ファミリー〟の一番年上のお姉さんは、一〇〇歳に近い人です。息子を亡くしたばかりの年とったお母さんで、三歳の時に自分の母親を亡くしています。彼女は毎晩この本の中の話をひとつずつ読んでいるそうですが、わたしにこういったのです。

「不思議ね。見ず知らずの子どもたちが自分の一番辛い瞬間を書いているのに、わたしの心の平衡を取り戻してくれているのよ。この子どもたちとわたしは波長がとても合っているわ」と。

スサン・シュークヴィスト

二〇〇五年一一月五日

目次

＊本文中に〔 〕で示した文章は、訳者が付した注記や補足です。
＊各章に通し番号が付いていますが、原書にはありません。

装丁＝林 佳恵

1 ●••

≫顔を曲げたあの笑顔を見ることはもうできない。ぼくのユーモアのセンスも消えてしまった≪

リカルド　13歳

リカルド　一三歳
父シェル（四八歳）をなくしたのは一三歳の時だった

Rikard

ぼくとパパについて語る時がやってきた。ぼくは一九九一年生まれ。パパはその時すでに、マルファン症候群（骨、目、心臓、血管などの結合組織が先天的におかされる遺伝性の疾患）という病気にかかっていた。病気のせいでパパは障害者になり、脳にも傷がついてしまった。体がこわばってしまって、歩くときにはびっこをひいていた。ごはんを作ったり、トイレにいったり、顔を洗ったり、その他ほとんどのことをパーソナルアシスタント（障害者の介助をする人）にやってもらわなければならなかった。パパは、ぼくたちと一緒に住んでいた家から引越しをした。なぜかというと、エレベーターのついた自分だけのアパートが必要になったからだ。でもぼくはその時とても小さかったので、パパに何が起きたのかはよくわからなかった。

ママはマッツという新しい男性といっしょになった。マッツはぼくたちの家に引越してきて、ぼくが物心ついたころからずっと、ぼくたちといっしょに住んでいる。ぼくと姉さんはマッツをマッケンと呼んでいて（どうしてだかぼくにはわからない）、パパとは呼ばなかった。なんでそんな呼び方をするのかなんていうことは考えもしなかった。ぼくはパパと週に一度、それからクリスマスに会った。ぼくはパパを「パパ」と反射的に呼んでいた。でもパパがぼくの本当の父親だということは、その時はわかっていなかった。だんだん大きくなってきて、パパがぼくの実の父であること、そしてママの親しい友達というだけの人ではないことがわかってきた。ぼくに弟ができた。といっても半分だけの弟だけれど、弟がぼくと百パーセントの血のつながりがない、とわかったのはだいぶ後になってからだった。弟のブロンドの髪とぼくの青白い顔と濃い茶色の髪を見て、多くの人がどうしてだろうという顔をする。

年月が経つにつれて、パパとぼくの関係は近くなってきた。ぼくはひとりでパパのところへ電車に乗っていくようにもなった。ぼくらは深刻なことについても話しあうようになっていた。もちろんぼくたちはふざけあったり、おもしろいこともいいあった。二人ともユーモアのセンスがあり、いつもジョークをいいあった。パパはおもしろい歌やメロディをよく知っていたし、病気になる前にママといっしょに訪ねた外国の話もしてくれた。ぼくたちは楽しいこともいっしょにした。忘れられないことのひとつは、何年か前にパパのところで、スウェーデンとカナダとのアイスホッケーの試合（2対3でスウェーデンが負けた）をテレビで見た時のことだ。その時はいつもとは少し違っていた。いつもはパパの家に着くと、夕ごはんを食べて、少し話をしてから家に帰った。でもこの日はいつもよりたくさんのことをした日だった。ぼくがパパの家に着いたのが遅かったし、ぼくたちは試合もいっしょに見た。

ぼくはわりにユーモアがあるほうのタイプなので、パパと会うと、いつもジョークをいったりおもしろい話をしたりした。とくにパパがおもしろがったのは塩のジョークだ。

「その塩どんな塩？」

「粗い、細かい？」

「あらいーしおー」

〔「粗い塩」と「あら　良い　塩」とことばをかけている〕

パパはことばをよく知っていたし、とてももの知りだった。ジョークも通じる人だった。世界で何が起きているか、ぼくたちのまわりで何が起きているか、などについても、パパの考えを聞くのはとても興味深かった。でもパパといっしょにトリビア・ハンター〔一種のクイズ番組〕みたいなゲームをやっても勝ち目はなかった。なぜならパパはゲームよりも答えをよく知っていたからだ。ぼくは国語や地理や歴史の宿題で、助けが必要な時にはいつでもパパに聞くことができた。

病気になる前は、パパは海外特派員だった。いろいろな国から持ち帰った変わった品物が家にたくさんあった。中国語で何か書いてある猿と豚の絵もあった。パパが生まれた年は猿の年で、ママが生まれた年は豚の年だそうだ。

でもぼくの誕生日、ちょうど一三歳になった時だけれど、パパのパーソナルアシスタントが電話をしてきて、パパが誕生日のお祝いに来られないといった。パパは病院に入院してしまったのだ。血圧があがってしまった。それまで、ぼくはパパがもうすぐ死んでしまうほどの重病だなんて考えたこともなかった。この時、ぼくは初めてパパが重い病気であるということを知った。

それでも誕生日はお祝いをしてもらった。そのあと、一六歳になる姉さんとママといっしょにパパをお見舞いに行った。パパはとても痛みがひどいので、モルヒネを打ってもらっていて、ぼくらが行ったときにはすごく疲れていた。それでも長い間ぼくたちは話をした。ぼくと姉さんがいっしょに写った写真を渡すと、パパはそれをベッドのところにかけてほしいといった。

ぼくたちはパパのところへ毎日お見舞いに行った。パパはときどき他の病棟に移されていた。その時はぼくと姉さんの写真もいっしょだった。病状がいい時に入る病棟もあったし、悪い時に入る病棟のこともあった。パパの血圧は下がり、モルヒネの量は減らされた。

ある日、学校にいた時に、事務室から電話がかかってきて、両親がぼくを待っていると伝えた。下に降りていくとマッケンとママが待っていた。二人ともとても悲しそうな顔をしていた。病院から電話があって、パパの病状が悪くなったといった。パパに何があったのかはわからなかったけれど、パパは死んでしまったのだ。ほんのちょっとしか時間は経っていないはずなのに、ぼくにはまるで永久のことのように思えた。ぼくはそこに座りこんでしまって、パパが死んだなんて嘘だ、まもなくぼくは悪夢から目をさますだろうと思った。パパが入院してからは、パパの死について考えてはいた。それでもパパが死んだことが本当のことは思えなかった。その時、ぼくがひとつ質問したことはパパが死んだ時、どんな感じだったかということだった。その前の日に血圧が下がっていたのだったら、パパは大丈夫だったはずだから。

パパにはもう会えない。パパの、顔を曲げたあの笑顔を見ることはもうできない、だれもが笑い出してしまう、アハッ、ハッハ、という笑い声も聞くことはできない。パパが死んでから、ぼくのユーモアのセンスのほとんどが消えてしまった。

ぼくたちは姉さんを迎えにいって、それから病院に向かった。病院には父方の叔父さん、お祖父ちゃんとお祖母ちゃん、叔母さんやいとこたちが待っていた。姉さんとママとがパパを見にいった〔病院の霊安室に〕。でもぼくは、パパから何の反応も返ってこないと思うとパパを見る気にはなれなかった。微笑んでもくれない、笑ってもくれない、話してもくれないパパを見たくなかった。お医者さんが来て、パパの最期がどんなふうだったのかを少し話してくれた。ぼくはうわの空で、話を聞いていなかった。ぼくの人生はこれからどうなってしまうのだろうということを考えていた。

　ぼくのパパが障害者であることはこれまでだれにも話していなかった。もっとも仲のいい友達には打ち明けてはいたが、でもこれからは話さないわけにはいかない。もしだれかが君の両親は？　と聞けば、ぼくにはもうパパはいないと答えるだろう。そうするとその人はどうしていないの？　と聞くだろう。そうしたらぼくのパパは障害者だったということを話さなければならない。それはちょっとおかしなことだ。

　それからの二日間、ぼくは学校には行かないで、姉さんとママといっしょに過ごした。最初の日は、ぼくたちはユールゴーデン森林公園に行った（パパはスウェーデンのプロサッカーチーム、ユールゴーデンの大ファンだった）。ぼくたちは散歩しながら話をし、まわりの風景を眺めた。ママはパパが病気になる前のことをたくさん話してくれた。


　それからまもなく、お葬式を考えなければならない時が来た。ぼくは叔母さん、叔父さん、お祖父ちゃん、ママそして姉さんといっしょに教区の牧師さんであるオッレに会った。オッレがお葬式についてはは全部やってくれることになっている。オッレがぼくと姉さんに、お棺の中にいれてパパが持っていけるように手紙を書いたらどうかとぼくたちに聞いた。姉さんもぼくも手紙を書いた。オッレがぼくの手紙を読んで、葬儀の時にその手紙を読みたいのだけれど、読んでもいいかな？　と聞いた。構わないとぼくは答えた。オッレはぼくたちにパパの思い出について訊ねた。ぼくと姉さんは言葉がつかえてしまったので、ママが助け舟を出してくれた。叔母さんや叔父さんたち、そしてお祖父ちゃんは同じようなことを話した。ママが話したのは少し違っていて、パパが小さいころのことではなく、パパとママが出会った時のことを話した。

オッレはパパが生まれた時のこととか、どこに住んでいたかというようなことも尋ねた。ぼくたちは葬儀屋さんのクリステルにも会った。彼はとても協力的だった。クリステルはぼくと姉さんに話しかけてくれて、お葬式をどんな風にしたいのかを訊ねた。ママもクリステルもたくさんいいアイディアをだしてくれたが、最後に決めるのは姉さんとぼくだった。

ぼくも棺を担ぐべきだというアイディアはクリステルが出した。ぼくは担ごうか、どうしようかと長い間考えていた。彼はよそのお葬式がどんなふうだったかを話してくれて、これまでたくさんのお葬式にかかわってきたが、だれからも不満は聞いていない、ともいった。お葬式について細かいことまで話してくれた。どれくらい時間がかかるのか、どんなことをするのかもクリステルは話した。

お葬式の前の何日間かについては、黒や濃い色の洋服をたくさんそろえなければならなかった。そのことのほかには、ぼくは何をしたか覚えていない。マッケンとぼくは必要な物をすべてドレスマンという紳士用洋品店で買った。

お葬式の日になった。この日をぼくは待ち望んでいたとはいえない。どんなことになってしまうのか、少しこわかった。パパの親類と近親者（ぼく、姉、ママ、マッケン、パパの両親、パパの兄弟）がいちばん最初に教会に着いた。ぼくたちは小さな部屋に集まった。オッレがもう一度、どのように葬儀が行われるかを説明した。少したってから棺を運ぶ人たちがやって来た。パパの仲のよい六人の友達だった。その中の一人は、ママの友達でもあったので、ぼくも知っていた。

棺を運ぶのはぼくたちが思ったよりたいへんだった。棺の脚に腕をまわして運ぶはずだったが、パパは重すぎて腕でかかえきれないので、六人の男の人たちが棺を肩でかついだ。ぼくはどうしてよいかわからなかった。他の人たちよりあまりに背が低く、棺は肩まで届かなかったので、棺に手をつけていただけで、体力的にはぼくは何の役にもたたなかった。

棺が安置されるところにおろされると、パパにお別れをする最後のチャンスになった。姉さんとママが前に進んだけれど、ぼくは今度もパパを見る気分にはなれなかった。

全員が席につくと、オッレが話し始めた。教会はそれほど大きくなく、木造なのでオッレの話し声が反響したり、響いたりはしなかった。ある意味で（それがなんでだかぼくにはわからない）感じがよかった。

オッレはパパがどのような人であったかを、姉さんとぼくの方をときどき見ながら、たくさん話した。彼はぼくが書いた手紙も読んだ。手紙にはパパが（あの塩の）ジョークがいちばん好きだったこともぼくは書いた。それから音楽と歌が始まった。ぼくの叔父さん（サクソフォンがとても上手）が、ママとパパの結婚式に吹いた曲を演奏した。ものすごくきれいな曲だった。それからとても歌の上手な女の人が三曲続けて歌った。一曲目はお祖母ちゃんの親類がこれがいいと決めた讃美歌で、その次は姉さんの堅信礼で歌った賛美歌、最後に「明日に架ける橋」を歌った。賛美歌を歌っているとき、何人かの人は涙を流していた。ママは叔父さんがサクソフォンを奏でた時に泣いた。三番目の歌を歌っていた時もだれかが泣いていたと思う。でもぼくはどの音楽の時にも泣かなかった。

それから分列式になった。それは順番に並んで一人ひとりが花を一本ずつ、棺の上に置いたり、最後のあいさつをしたりすることだ。ぼく、ママ、姉、マッケンが最初だった。ママと姉さんは棺の上に花を置いた。ぼくはパパの名前を刻んだプレートを見て、最後のさよならをした。ぼくはその時にも泣かなかった。全員がお別れをすませると、ぼくたち家族と親類があの小さな部屋に集まった。その時、ぼくはもうたまらなくなった。オッレが何を言ったのか一言も聞いていなかった、ぼくはただただ泣いていた。

お葬式の後みんなで「ペリカン」というレストランに行き、お葬式ビールを飲んだ（「お葬式ビールとは葬式のあとの軽食の際に飲むビールのこと」）。ぼくたち子どもはもちろんアルコールなしの飲み物を飲んだ。お葬式がすんで、なんだかほっとした。ぼく、ママそして姉さんはマッケンといっしょにレストランの奥のほうに座った。入り口を入ったところにパパの写真が飾ってあった。ママとパパの結婚式の時のとてもいい写真だった。その写真では、パパはみんなが知っている顔を曲げたあの笑いをしていた。パパはとてもうれしそうに見えた。パパがいちばん好きだったレストランに友人たちが集まって、楽しそうにパパの思い出を語っているようすを、パパが見ているようだった。

パパについて話をする時には悲しいだけだ、というわけにはいかない。パパの仲間の何人かがパパについてのいちばんいい思い出を話した。

ぼくは何か話をすることを考えていた。でも話そうかどうしようかとずっと迷っていた。ようやく話すことに決めた。ぼくの話はこんなふうだった。

「こんにちは！　みなさんはみなさんの友人、シェルについて話しました。でもぼくはぼくのパパ、シェルについて話したいと思います。みなさんはぼくより長い間パパを知っています。それに、ぼくはパパが元気だった頃を知りません。でもぼくとパパはみなさんとは少し違ったかたちで、友達でした。ぼくとパパは喧嘩をしたことがありません。いっしょにいろいろなことをしました、映画も見たし、スポーツも観戦しました。たったひとつ言い争いになったのは、パパの猫アレルギーのことです。ぼくは動物が大好きなのに、パパはいつも獣なんて下水に流してしまえ！　と言っていました」。

ぼくの話が終わると、笑いがまきおこり、ぼくは拍手喝さいを浴びた。

今、ぼくとパパについてぼくはすべてを語り終えた。でもぼくの人生は続いている。やらなければならないことがあるのに、それに集中することができなくて、止まってしまっている。休みながらでないと進めない。休むことは良くないとわかっていても、勉強の合間合間に休まなければならない。そうしないとたいへんなことになってしまう気がする。

パパの死とお葬式のあと、家族みんながものすごく疲れてしまった。夜、横になりながら考えすぎて眠れなかったりするせいなのか、それがどうしてだかよくわからない。

パパとぼくがよく話していたことが実現できなかったことを考えると、ぼくはときどきとても悲しくなる。たとえば『指輪物語』の映画をいっしょに見に行くはずだった。その映画の説明を全部、パパにしてあげられたのに（ぼくは三作全部、もう何べんも見ていた）、それができなかった。疲れて、たくさん泣いて、たくさんの約束が果たせなかった。それでも最後が来てしまったことはいいことだとも感じている。

パパは、ぼくが生まれた時からずっと病気だった。ある意味でパパはぼくと姉さんがどう育っていくのかを見ていたかったのかもしれない。でも一三年も経ったら、パパの体はもうそれ以上もちこたえることができなくなってしまった。パパが今、これまでよりももっといい時を過ごしていることをぼくは願う。

リカルド

2 ●••

≫わたしたちがいっしょにいられたのは二週間だけ。母の娘でいられる時間がほとんどなかった≪

イーダ　18歳

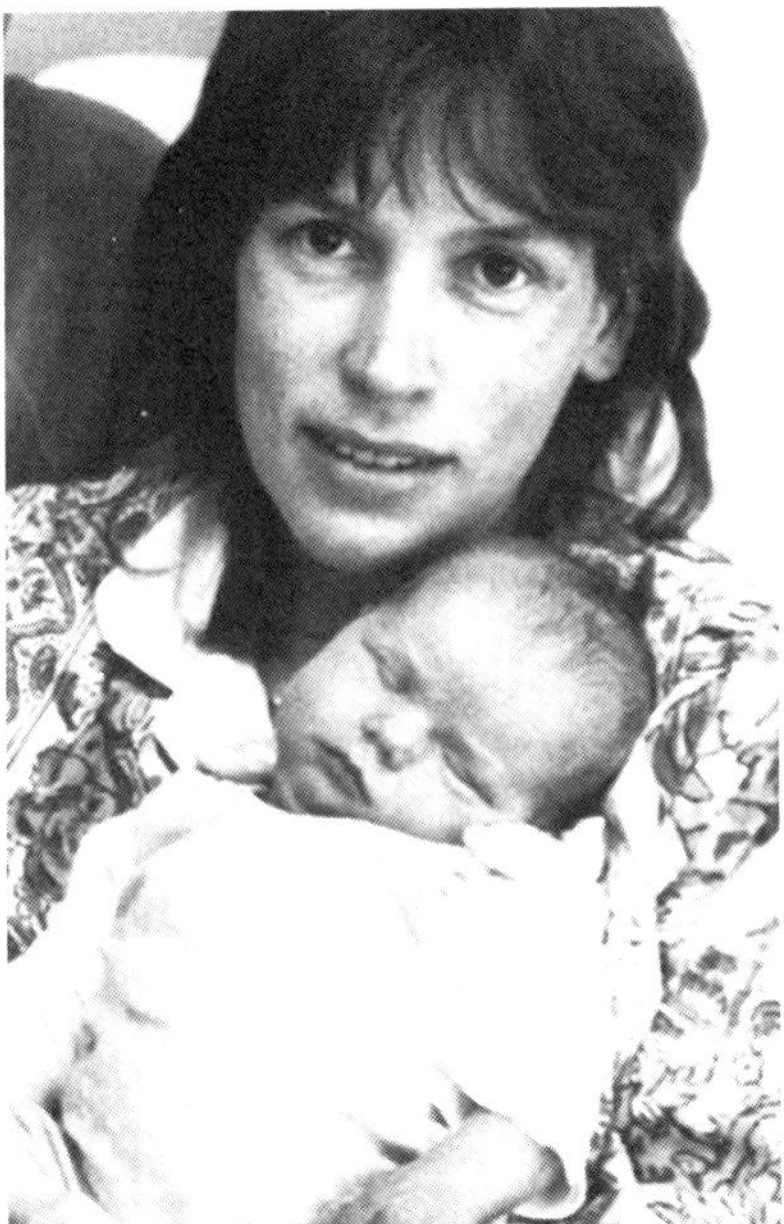

イーダ　一八歳
母エヴァ（三六歳）をなくしたのは生まれて間もなくだった

Ida

死んだ人のことを話すのは難しい。とにかく、わたしはいつもそう思ってきた。ちょっとタブーじみたことなのだ。小さい頃、父が母のことについて話しだすといつも恥かしかった。あまりにも感情的なことだからだ。とくに継母の前で、母のことを話すのは負い目を感じるようでいやだった。本当のママがいてくれたら、と思ってしまうのだった。もし母が生きていたなら、継母はわたしの人生にはいなかった。

母について、ボーイフレンドがわたしに聞くようになるまでに何か月もかかった。それは不思議なことではない。だれだってあなたのお母さんがいつ、どうして死んだの？　とは聞きづらいことだ。わたしが思うのは、彼らはわたしの気持ちや自分とは関係のないわたしの心の奥をかきまわしたくないと思っているからではないだろうか。だれかに母のことを聞かれて、わたしが「死んだわ」というと、彼らは当惑し、謝罪する。するとわたしまでがとまどってしまう。悲しみについてはだれもオープンには話しあわないものなのだ。

わたしの母エヴァが死んだのは、わたしが生まれてからたったの二週間後だった。脳出血を起こし、その二日後には命を失った。ママが病気だったことはだれも知らなかった。だからみんなものすごくショックを受けた。父は生まれたばかりのわたしと、わたしより二歳年上の姉をかかえ、どのようにやってきたのだろうかとよく考える。

エヴァはふたたび母親になれることをとても喜んでいた、ということを聞いている。姉が生まれる前、父も母も子どもはもうできないのではないかと心配していたそうだ。だから喜びは大きかった。待ちに待って生まれてきたと聞くのはすてきなことだ。

母は待ち焦がれた子がやっとできたのに、その子と別れなければならなかった。それは残酷なことで、落胆もさぞかし大きかっただろうと思う。それでも母は一四日間だけでもわたしを抱きしめ、あやし、わたしの匂いをかぎ、わたしを愛する時間をもてただろうと願う。

母がわたしたちからいなくなってしまったことで、父のヨーナスは母親の役割も果たさなければならなくなった。父は他の母親たちから集めた母乳を産院までとりに行き、哺乳瓶でわたしに飲ませた。父はひとりでその責任を果たし、賛嘆するくらいよくやった。人生は思い通りにはいかなくて、家族は四人から三人になってしまったけれど、とてもうまくいった。わたしたちはお互いを思いやりながら生きてきた。父をとても身近に感じる。父とわたしには同じユーモアがあり、同じことを考える。姉のことも何にも代えがたいほどに愛している。彼女はわたしの親友でもある。

あの子たちはお母さんがいなくてどうなってしまうのだろう？　という声がしても、姉とわたしは母親なしでやってこられた。他の家族が親と子どもとの間に一線を引くかわりに、父とわたしたち姉妹は小さなチームだった。姉もわたしも自分の意見がいえた。小さい頃、どの洋服を着て行きたいとか、夕食は何がいいかなどについてもいつもわたしたちの考えを父は聞いてくれた。家族の規則は一応あったけれど、あまり厳しいものではなかった。幸せな子ども時代を過ごせたと記憶する。

時折、もう少し大きくなってから母が死んだとしたらどうだったろう？　と考える。早いのと遅いのと、どっちの方がより悪いのだろうか？　悲しみそのものは違っていたと思う。わたしの悲しみは突然だれかをなくした、というのとは違う。わたしの場合は母の娘でいられた時間がほとんどなかった。ということは、母はわたしにとって偶像あるいはお手本として存在している。母が今死んだなら、その悲しみのために自分も病気になってしまったかもしれない。今ある母親像はわたし自身が作り上げたもの。それでもわたしは母を知っていると感じる。他の人の話を聞き、写真を見て母がどんな人だったのかがわかる。このようにして母はわたしの中で生きている。

友達が自分のうるさい母親について文句をいっているのをよく聞く。二年ほど前の、十代の反抗期の最中の頃の方がもっとひどかったけれど、そういう文句を聞くとわたしは怒った。お母さんがいるなんて世界でいちばん幸せ者だとわからないの？　オーケー、毎日ママに怒られて、「ママはなんにもわかっていないんだから」といっていたとしても、愛する母親がいて、愛してくれる母親がいる。小さい時はどうだったのか、お腹の中であなたはこんなふうにけっとばしたのよ、なんていうことを話してくれるママが友人たちにはいるのだ。慰めてくれて、いっしょに笑って、おもしろいことをし、思いを分かちあえるママ。もし友人たちと立場を交換できるならわたしは何だってするだろう。

毎日、いやめったにといっていいくらい、悲しくなったり悲しみを感じたりすることはない。たいていの場合、とても楽しい！　でもうまくいかないことがあったり、人生がおもしろくなかったりする時には、母が恋しい。母がもう決して帰ってこないことをその時は自覚する。母はいないのだ、わたしは母親なしで一生、生きていかなければならない。

するとわたしはこの悲しみをもってどこにいったらいいのかわからなくなる。ボーイフレンドが去っていったとか、友達と喧嘩したとか、あるいはすべてが灰色で意味がないと感じる時には、母がいてくれたらなあと思う。母自身の、わたしがしたのと同じような経験について話してくれただろう、自分の体験や愛を分かちあってくれたと思う。

母を知っている人たちは母が世界でいちばん賢くすばらしい人だったという。いつもまわりの人を気遣う優しい人だったともいっていた。だからこそ母がわたしのそばにいないということが、よけいに悲しくて不公平だと思う ― 空虚と孤独。まるでわたしの心の中にひとつの穴があいているようだ。なぜわたしの母だけが死んだの？　他のことではめったに選ばれたりしないのに――宝くじなど、絶対にあたったことがない。それなのに世界の中で母とわたしがあたってしまった。ボーイフレンドに去られた時も、母がいたら慰めてもらえたのに。

でも考えてみると、わたしは自分が持っていることを見ないで、ないことをほしがっている。それならわたしには何があるの？　最高にすばらしくて、賢くて、安心して頼りにすることができて、お手本としても最善の人である父。わたしを愛してくれる姉、面倒をみてくれて、いろいろ教えてくれて、母の代わりのような人だ。

わたしが三歳の時に父は継母に会った。彼女とはわたしが一〇歳になった時からいっしょに住んでいる。継母を〝二番目のママ〟と小さいころ、わたしは呼んでいた。父との間には五歳と二歳になる二人の息子がいる、つまりわたしの弟たちだ。継母は自分のことを〝ボーナスばあちゃん〟〔継母や継父のことを俗語でボーナスママ、パパとかプラスチックママ、パパと呼ぶ〕といっている。継母は世界中で最高にすばらしい人の一人だ！

わたしはたぶん、自分にとっていちばん大切な人を失った。けれどもまわりにはたくさん大切な人がいてくれる。わたしは大人とも付きあいやすい。ただ分別をもって考えることが難しい。自分がもっているすべてに喜びを感じるべきなのに、ときどきそんなこと、どうでもいいような気分になる。時には自分がとても小さく感じ、ただただ母に帰ってきてもらいたいと思ってしまう。

わたしは信心深くないので、死んだらどうなるかについては何もわからない。どこかで母に会うことができると確信できるなら、たぶん気が楽だろう。それでも母はあちこちで生きている。わたしの部屋には母が笑っている写真がある、もうひとつの写真はすごく深刻な顔をしている。母の日記と若い時の写真が貼ってあるアルバムももっている。そこには母自身の歴史がある。母を思い出す人の中にも母はいる。だれかが母のことを話すたびにわたしの中で母は目を覚まし、そばにいてくれる。母は姉の中にもいる、同じような大きな茶色の目をして茶色の髪をしている。そしてわたしの中にもいる。父はわたしたち姉妹が母と同じ笑い方をするというが、それを聞くとうれしい。わたしは母の一部なのだ。

わたしのDNAの半分は母からきている。起源、遺伝的な性質を受け継いでいると思うとほっとする。わたしにだって母親がいるのだと。母がいなくて暗い顔をするのではなくて、母が誇りに思ってくれるような人になりたい。ママは今、どこにいるのかしら—雲の上で寝転がっている天使といっしょにいるのかな？　それとも天国のバーで、アンナ・リンド〔元外務大臣。二〇〇三年、ストックホルムの百貨店で暴漢に襲われ、殺害された〕といっしょにビールを飲みながら、性差別について議論しているのかしら？　わたしを見ていてほしい、母を慕うすべての人を守っていてほしい。

母と話すことがある。ちょっとおかしいと思うけれど。大きな声でではなく、頭の中で話す、いつもより母が恋しい時に話をする。ここにいてほしい、わたしを誇りに思ってほしいと語りかけたり、思ったりする。

わたしは母を愛している。死んでしまっていてもわたしの母親だ、また会えることを願う。わたしたちにはそれができると自分にいいきかせている。会えないなんて考えるのはあまりに辛い。いなくなってしまったからといって、なんの形も、魂も、あるいはより大きな存在の一部としても残らないというのではひどすぎる。何も残っていなくて、ただ空気だけ。そんなのはよくない。そうであってはならない。

わたし自身を慰めるためにも、自分の子どもができたら、わたし自身が得られなかった母親でいられるように努力したい。理解のある親になるようにつとめるつもり。これまで母について聞いてきた、すばらしい女性のようにわたしもなりたい。母のユーモア、気力、愛、考え、力の一部がわたしにはあると思う。母が何に情熱を燃やしたのか、どんなことをやってきたのか、まわりにどれほどの喜びを与えてきたかも知っている。まず第一歩としてわたしは今、パリにいてソルボンヌ大学でフランス語を勉強している。

何年か前に見たテレビで、一九七〇年代の女性運動の番組をやっていた。初めて母を動く映像で見た。『ローダ・ビョーノル・グループ』〔女性解放グループ、ローダ・ビョーノルは赤い豆という意味〕といっしょに歌っていた。番組の映像の中でママは生きていて動いていて声も出していた！　すばらしかった。母がいるということを実感した。あの母を、恋しい時には思い出すようにしている。

もちろん両親が共に生きているだけでいい、ということではない。両親がいたとしてもずっといっしょにいられるという保証はない。関係の悪い親子はたくさんいる、特に父親との関係が悪い、それもまた悲しいことだ。と同時に愛する人をなくしたという人に同情はするけれども、一方でわたしはひとりではないとなぐさめられる。他の人もわたしと同じように考えるのではないだろうか。悲しみを味わったことで他の人に対しても理解が深まった。自分が体験することでより強くなり、何が人生で必要なのかがよりわかるようになる。

悲しむことは恐れることではないとわたしは学んだ。喜びと同じように悲しみは人生には付き物だ。叔母のひとり、彼女もまた〝もうひとりのママ〟のひとりであるが、こういった。

「泣くことは笑うことと同じように自然なことよ」

叔母は正しい。路にあいた悲しみの穴に落ちることなしに、一生を生き続けることはできないと思う。でもそこから必ず立ち上がれるとわたしは信じる。わたしにとって悲しみや不安やパニックがいっぱいということはない、というのも母は「いつも死んでいたので」。それでも母がいない悲しみはあるのだ。

イーダ

3 ●••

≫事故のあとの一年間は悪い時も楽しい時もあった。涙がでたのはずっと前のことだった≪

クリストフェル　10歳

≫パパのけいたいの番号を忘れてしまった。その番号がほしいな≪

アレクサンデル　8歳

クリストフェル　一〇歳と　アレクサンデル　八歳
父ルーカス（三八歳）をなくしたのはクリストフェルが八歳、アレクサンデルが六歳の時だった。

Kristoffer

ALEXANDER

ルーカスはぼくのパパだ。ぼくはとても悲しい、だってルーカスはぼくのパパだもの。パパは死んだ時、うちにはいなかった。パラシュートの事故でひどい死に方をしたんだ。パパが死んでからぼくはこわい夢を見るようになった。悲しくてストレスを感じていたからだと思う。ぼくはパパの体が谷間のあちこちに飛び散ってしまったのかと思った。ママと弟といっしょに霊安室でパパを見た。それからは悪夢を見なくなった。ぼくは怖くてパパのそばにはいけなかった。壁のところに立っていた、でも見えた。パパはちゃんとした姿でそこにいた。それからは夢の中に天使があらわれるようになって、悪夢は消えた。パパが生きていた時にぼくにいったことがある。「天使といっしょにベースジャンプ〈がけや建物など低いところからパラシュートを使って飛び降りるスポーツ〉で飛んだことがあるよ」。パパはエンゲルスベリ〈天使の山〉というところで死んだ。

ぼくはパパを取り戻したい。ぼくたちは家族だし、いっしょに楽しいことをしてきた。

ぼくはずっと前から地下鉄にとても興味をもっている。土曜日になると、パパといっしょに地下鉄に乗った。ぼくたちの目的は全部の駅を見てまわることだった。ジュースとお菓子とポテトチップを買って、ぼくがとくに見たいな、と思う駅では電車を降りた。弟はベビーカーに乗せていっしょに連れていった。でも弟にはあまりおもしろくないみたいだった。
事故のあとの一年間は悪い時も楽しい時もあった。よかったことはぼくが悲しがってばか

≫ルーカスの世界≪

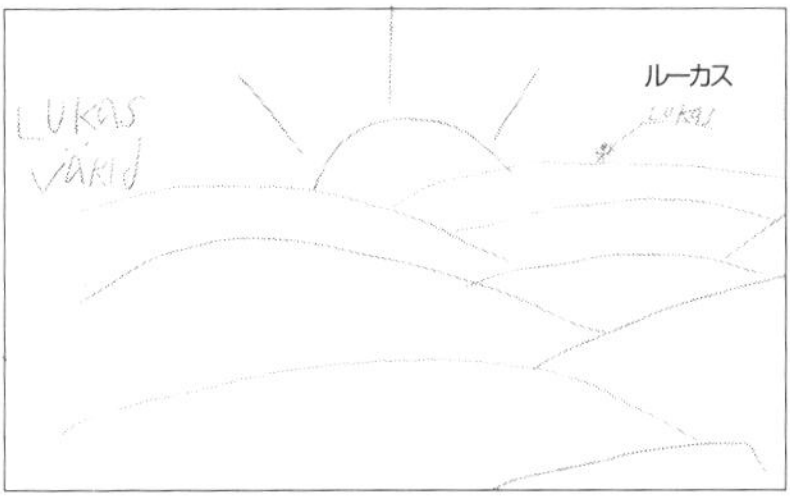
ルーカス
Lukas

パパの死を知らされた時に、クリストフェルが描いた絵。

≫世界チャンピオン≪

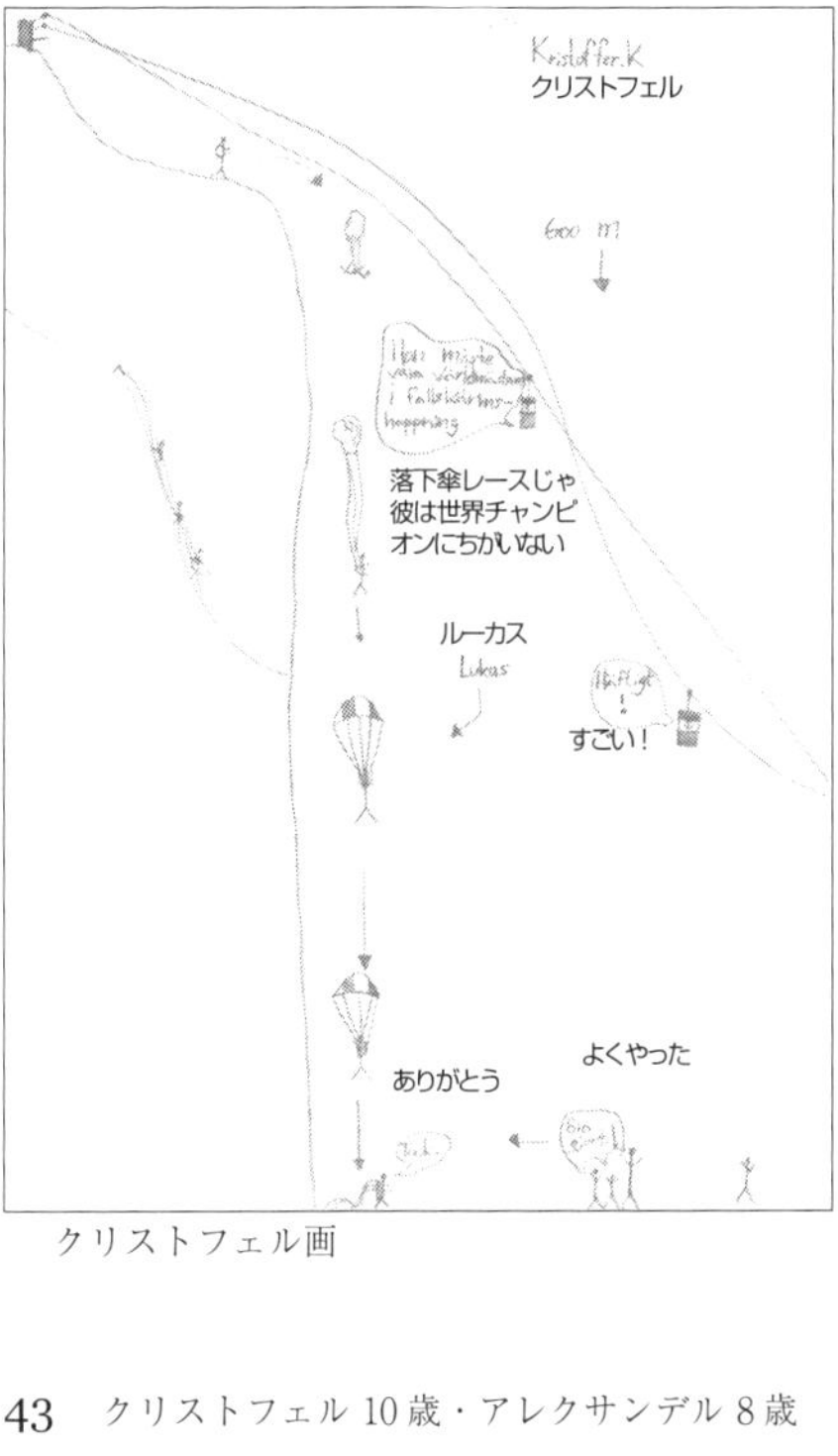
クリストフェル
落下傘レースじゃ彼は世界チャンピオンにちがいない
ルーカス
Lukas
すごい！
よくやった
ありがとう

クリストフェル画

りいなかったこと。悲しくなるとぼくはママと話す。それに涙が出たのはずっと前のことだった。

クリストフェル

ぼくのパパはやさしかった。パパはぼくといっしょに泳いでくれたし、いっしょにサッカーをしてくれたり、本も読んでくれた。パパは（パラシュートで）飛んだときに死んだ。死ぬなんてだめだ。ぼくはパパのけいたいの番号をわすれてしまった。その番号がほしいな。パパがぼくたちといっしょにシンガポールに行けなくてざんねんだった。

ぼくたちがレストランにすわって、ベルトコンベヤーでまわってくるおすしを食べているところを、パパも見たらよかったのに。パパがジャンプできそうな高いビルも見たよ。パパ、パパのことを思っているよ、とてもパパが恋しい。

ルーカスの息子、アレクサンデル

≫墜落した体≪

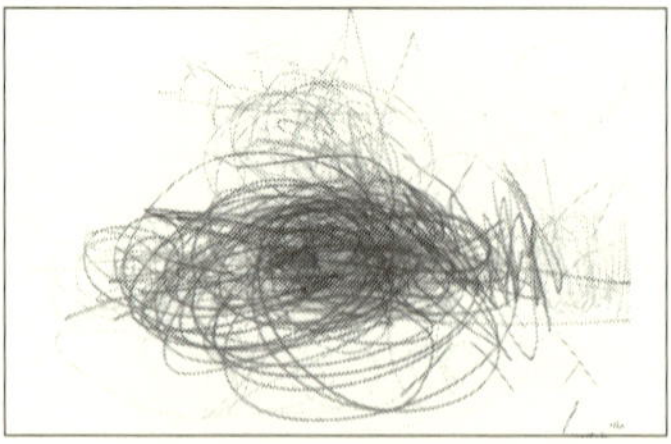

アレクサンデルは、この絵を「墜落した体」と呼んだ。

4 ●••

≫小さい頃にママをなくしたなら大きくなるまでにママがいないことが自然なことになる≪

ユーリア　13歳

ユーリア　一三歳
母クリスティーナ（四〇歳）をなくしたのは五歳の時だった

Juliana

それは八年生の時だった。家庭科の最初の授業で、新しい先生が来て、お互いになじめるように、先生は生徒ひとりずつに質問をした。わたしのところに来ると「それで、あなたのお母さんはどんな仕事をしているの？」と聞いた。クラス中がしーんとした。みんながわたしのほうを見た。何秒間かわたしはだまっていた。「ママはもう生きていないんです」というのが辛かった。

その夜、わたしは目を覚ました。何かが変だった。パパは心配そうにしていたけれど、わたしは疲れていたのでまた眠ってしまった。

朝いつものように起きて台所へ行った。そこには知らない女の人がいてお皿を洗っていた。

「ママはどこへ行ったの？」とその女の人に聞いた。英語で。どうしてかというとわたしたちはその時、ママの国オーストラリアに住んでいたからだ。その人は表情も変えずにわたしを見た。その後のこと、ママが死んだことをどのようにして知ったかは覚えていない。この時、わたしはたったの五歳だった。

ある日わたしたちはどこもかしこも真っ白な大きな建物のところに着いた。その建物の中へ入ると、突然ママがそこに横になっていた。ママは白い衣装を着ていた。何の音も聞こえない。ママは息をしていなかった。顔は青白く、ものすごく冷たかった。さわってみたけれど、動かなかった。

パパと三歳の妹のノーラがそばに座って、悲しそうにママを見ていたのを思い出す。その時がママを見た最後だった。

ママは森のそばの美しいお墓に埋められた。わたしたちはオーストラリアに行くたびに、その墓地に行き、ママのお墓に花を供える。

パパとわたしたちはスウェーデンに戻ってきた。近所の誰もが、何が起きたのかを話していた。わたしのママ、クリスティーナはまわりの人たちに光と喜びを与えた人だということもみんなは知っていた。どんな時もママはいつもわたしたちのそばにいて、わたしたちを守ってくれていることをわたしは知っている。わたしはそれを感じる。

それにわたしは幽霊はいると思っている。見たことがあるので知っている。ある夜、ちょうど眠りにつくところだった。暗い部屋の中に青い光が見えた。その光がどんどん大きくなったかと思うと人が見えた。それが誰だか、すぐにわかった。最初に会った瞬間からずっとわたしの心の中にいる人、ママ！　はじめは怖かったけれど、すぐに落ちついた、ママがわたしに話しかけてくれたから。その言葉はわたしの心の中だけにしまってある。そしてママは消え、わたしは安心して、気分も安らいだ。それはまるで夢のようだった。

オーストラリアで幼稚園に通っていた時、ママの絵を描いた。ママの長い濃い髪の色と幸せなそうな顔を描いた。ママに渡すとママはすごく喜んでいった。

「まあ、ユーリア！　あなたがこの絵を描いてくれたの？」

ママはその絵にカバーをかけて、いつも壁に飾っていた。その絵をわたしはとってある。これからもずっともっていたいと思う。それにママの本も全部もっている。本はところどころ線が引かれてある。パパはわたしたちが本を一冊読むたびに、五〇クローネをくれる。でもママの本に関してはお金をもらわなくても読みたい。

どんなにママを恋しがっているかを説明するなんて、とてもできない。

わたしたちは湖のそばの森にママのための記念の庭を造り、一本の小さなモミの木を植えた。ママの誕生日や、母の日や、なにもなくてもママのそばに行きたいなと思った時に、わたしたちは「ママの庭」にでかけ、ろうそくを灯す。それはとてもいいことだと思う。なぜって、ママはいつもそこにいて、そこに行けばママと話ができるのだから。

もしママが生きていたら、いろいろなことがずいぶん違っていたと思う。たぶん今でもオーストラリアに住んでいたかもしれない。わたしはわたしの母国、オーストラリアを愛している。わたしはそこで生まれた。大人になったらそこに住みたいと思っている。そしてママの苗字をもらって、ユーリア・ライトと名乗りたい。

ママが死んで、たったひとつよかったと思うことは、わたしと同じ問題をかかえている人をなぐさめてあげられることだ。ママがいないことがどんな感じなのかをわたしは知っている。ママを、今なくしたとしたら、もっと辛かっただろうと思う。小さい時なら、自分自身でやっていくことを学ぶ時間がある。そうでなければ、ママがいつも一緒にいることが当然なことになってしまっていたと思う。あなたが小さい頃にママをなくしたなら、大きくなるまでにママがいないことがあなたにとって自然なことになりますよ。

いつかママに再会できることをわたしは知っている、どこかで会える。わたしは絶対に会えると思っている！

ユーリア

（ユーリアの妹ノーラの手記は二三五ページ）

5 ●●●

≫台所にパパの書き置きがあった。海にちょっと行ってくる、と書いてあった≪

ステーン　14歳

ステーン　一四歳
父ウルヤン（四三歳）をなくしたのは九歳の時だった

Sten

パパは一九九九年に死んだ。自殺をしたのだ。彼がなぜ自殺をしたかということは今でもぼくにとっていちばん大きななぞのひとつだ。残念ながら、これからもずっとそれはなぞのまま残ると思う。

パパ

パパは一九五五年に生まれた。ぼくは一九八九年の九月に生まれたので、その時パパは三四歳になっていて、歴史、地理、国語の先生をしていた。余暇のほとんどを家族と農園と文学に注ぎ込んでいた。一時期ブックカフェを経営していたこともある。パパには「情熱」とでも呼んだほうがいいかもしれないくらい、ものすごく深く関心をもっていた趣味があった。それはウルグアイの詩人の作品を訳すことだった。パパが家族（その時ぼくは生まれていなかった）といっしょにウルグアイに三か月滞在した時に、その詩人と出会った。その時パパはフリーランスのジャーナリストとして働いていた。スペイン語が上手だったのは一七歳の時に、一年間ボリビアを旅したおかげだった。

パパが社会的な問題に大きな関心をもっていたということを、ぼくはパパが死んでから知った。パパは左翼党〔もとの共産党〕に所属していて、政治的な討論記事も書いていた。最近はあまりはやらない方法での旅行もたくさんした。パパは行く先々の国で、その土地の人たちとふれあい、住んでいる人たちの生活を体験した。貧困を目にし、貧しい子どもたちに接することは彼の大きなやさしい心にナイフを突き刺すようなものだった。

パパは長い間気分が沈んで、うつになっていた。ぼくはそれに気がつかなかった。パパはぼくと姉にそのことを悟られないようにとても努力していた。一九九八年、パパは気分がすぐれないので、人生を変えることが必要だと感じて、ルンドにあるジャーナリスト大学を受験した。受験生二〇〇人の中で入学できた二〇人のうちのひとりだった。コースは一年間だった。その間、友達の中でもたぶんいちばん親しいルンドの親友の家に下宿して、休日は自宅に帰ってきた。パパは平日にいなかったけれど、淋しい思いをしたかどうかは覚えていない。

パパがルンドで勉強していた時のことについては、あとで考えると自分の中で見方が分かれる。一方ではパパがいないことに慣れることができた、その点ではありがたい。もう一方ではパパの人生の最後の年に、パパともっといっしょにいたかった。

パパの小さいころのこと、大人になってどうだったかを知っている親類やパパの友達に聞いてみると、自殺した原因になりそうないくつかのことがわかってきた。その中に、小さいころに両親から二回にわたって離れて暮らしていたことがある。

パパは一歳のころ、一年間叔母のところへ預けられた。祖父母が子どもの面倒を見られなかったからだ。祖母は看護師になる勉強をするために寄宿舎にいたし、祖父は義理の妹に子どもを預けることに、何のうしろめたさももっていなかった。そのころは近い親類に子どもを預けることはごく普通のことだった。

その後、ぼくら家族は国中をあちこち移り住んだあと、何か月間かはフランスにも滞在した。そしてコンゴ共和国の首都ブラザビルに移った。祖父と祖母は宣教師で、パパは他の宣教師の子どもたちといっしょに、学校の寄宿舎に住むことになった。ブラザビルに移れたのはパパが八歳のころで、スウェーデンに帰国した時には一一歳になっていた。子ども時代の三年間を寄宿舎で過ごし、両親に会えるのは復活祭、クリスマスそして夏休みだけだった。これらの休みを除いて、両親とのやりとりは、文通だけだった。

これらの二度にわたる「別れ」が、母親への強い恋しさとなって、パパの人生に深く影響した。

死

この運命的な日をぼくは覚えているようでいて、覚えていない。死を知らされる前のことはかなりはっきりしているけれど、そのあとのことはだれかに聞いたことしか覚えていない。

一九九九年四月二四日は土曜日だった。その前の晩は余暇活動センターにぼくは行っていて、友達のひとりと卓球をやっていた。あとで考えると最後の日をパパといっしょに家で過ごさないで悪かった、という罪悪感にときどき襲われる。パパはぼくが寝入るまでぼくのベッドで横になりたがった。最初ぼくはそんなの必要ないよとパパを押しやろうとしたが、結局ぼくが寝入るまで、パパは腕の中にぼくを抱きしめて横になっていた。

翌朝、ぼくたちが目を覚ますと、台所にパパの書き置きがあった。それには、海にちょっと行ってくる、と書いてあった。

かなりはっきりとした記憶のひとつは、すべてがいつもと同じだと思った最後の時だ。それは浴室で姉にパパはどこなのと聞いたことだった。海に行っているのよ、と姉は答えた。書き置きの通りだった。ぼくはその時、別になんにもおかしいとは思わなかった。

朝がのろのろと過ぎ、ぼくたちは少し心配になってきた。襲い始めた不安の中でぼくの記憶はどんどんあいまいになってきた。その後ママの名前で登録されている車がどこかで見つかったと警察が知らせてきた時に、ぼくの不安は地獄にいるかのようだった。

警官がパパについて説明してほしいと聞きにきた。ママはもし警察が捜索に出るなら、私たちも行きたいといったけれど、家で待っていた方がいいといわれた。警察から新しい知らせがくるまで、ぼくたちはあれやこれやと想像をめぐらした。パパが自殺をしたんじゃないか、と最初にいったのは姉だった。別に特別なことが起きたわけではないだろうとぼくたちはお互いにいい聞かせた。でもぼくの中では、パパが命を絶ったのではないかと恐れる思いが大きくなっていった。

できるだけそのことを考えないでいられるように、ぼくたちは『一〇一匹わんちゃん』をテレビで見た。でもぼくはテレビに集中することができなかった。二階に上がり、スウェーデンとチェコのアイスホッケーの試合を見ようとしたことも覚えている。テレビをつけて見ようとした時にママがぼくを呼んだ。ぼくは「何の用？　いまアイスホッケーを見ようとしているんだ」といった。ママはもう一度ぼくを呼んだ。話があるので下に降りてきなさい、というので、いわれるとおりにした。何か恐ろしいことが起きたんだ、パパが死んだんだ、とぼくは直感した。内心、覚悟していたけれど、表向きそれを拒み、それらの考えを押しやろうとしていた。

ママ、姉そしてぼくがソファに座っていると、母方の祖母と祖父と親しい友達が二人やってきた。はっきりとは覚えていないけれど、ママはこんなふうにいった。

「これから話すことは、これまであなたたちに話してきた中でもいちばん難しいことだわ。パパは死んだのよ。自分で選んで死んだの」

ぼくの心は激しくゆれた。涙が出なくなるまで泣いた。

ソファにどれくらいぼくたちが座っていたかはわからない。ぼくと姉とママ、ぼくたちは抱きあいながら泣いていたが、泣いている合間にも「なぜぼくらのパパが」「不公平だ」といいながら、ぼくたちはむせび泣いていたのを思いだす。

その日は母方の祖父母、友人たちが家に泊まっていったことも覚えている。あまり食欲もなく、ぼくたちは散歩に出たように思う。

その後の日々

その後の日々はぼくの人生の中でもっとも暗かった。悲しみがとても深く、心の中で泣いた。知っている人たちが花をもってきて悲しみを伝え、だれかがいれてくれたコーヒーを飲んだ。

最初の夜に、父方の祖父と大叔父と、叔父がもうやってきていた。この混乱のさなか、死んだパパをだれが最初に見にいくかということで、もめたことを覚えている。こまかいことは覚えていないけれど、だれかが帰る途中にパパを見たいといった。でも姉とぼくがパパを絶対に最初に見たかった。後から考えればささいなことだったかもしれないけれど、その時はぼくたちが子どもだからといって見下されないことは、姉とぼくにとってとても大切だった。ママのお陰で姉とぼくの願いはかなった。

死体となったパパに会うのは怖かったことを覚えている。あとになって考えてみると、何がぼくたちを恐れさせたのかを知ることは難しい。でもきっと霊安室にいるパパを見て、パパの死を認めることを恐れたのかもしれない。

怖かったけれど、ぼくたちはパパが横たわっている冷たい部屋に入っていった。死んだパパを見るのは悲しかったけれど、よい体験だった。パパは担架の上でいつもの服装で横たわっていた。もし白い服を着せられていたら、パパはもっとよそよそしく見えたと思う。

姉とぼくはパパのそれぞれの瞼を閉じた、最初は皮膚が冷たく、気持ちが悪かった。でもぼくたちはだんだんとなれてきて、ずっとパパに触れ、両手にキスをした。死んでいるパパを見られたことをぼくはうれしく思った。というのもそうでなければ、死んだのはぼくのパパではないかもしれないという悲劇的な考え、そしてばからしい考えを持ったかもしれないからだ。

どれくらいその部屋にいたのかわからない。よくあることだが、こういうたいへんな日々には時間の感覚がなくなってしまう。その部屋でパパへの最後のお別れをした。

何週間かたって、パパがセラピーで描いた絵をぼくに見せるかどうかということで、ぼくとママとでいい争いになった。ぼくに見せないということは、ぼくに対する裏切りのように思えて、大人に対して自分がいかに無力なのだろうと感じたことも思い出す。

パパが死んだ翌週の水曜日、ぼくはまた学校に通い始めた。すでに月曜日に、クラス全員から絵とお悔やみの短い文章が書かれたノートをもらっていた。ぼくが学校に行く前に、パパが死んだことをクラス全員が知っていたのはほっとすることだった。

ひとつ思い出すことは担任の先生が、決められた場所に座るという規則に目をつぶって、ぼくのいちばんの親友の隣に座らせてくれたことだ。

それとパパについて友達と話をすることがいやだったことも思い出す。早く学校に戻ったのは毎日の日常生活から逃れたかったからだということが今わかった。ものすごい悲しみと空虚さにぼくは耐えられないと感じていた。だから学校にいくことはぼくが生き残るためのひとつの方法だった。

お葬式

パパが死んでから二週間たった金曜日に、姉とぼくが洗礼を受け、ママとパパが結婚式をあげた教会で葬儀が行われることになった。葬儀の日、姉とぼくそれにママが、花屋さんに手伝ってもらってパパの棺を飾った。とても時間がかかったので、うんざりしてしまった。花を飾ることはぼくの特技というにはほど遠かった。

葬儀の日がパパにお別れをする最後の日で、今度も以前と同じように、対面することができてよかったと思った。

葬儀の時間になると教会は人でいっぱいになった。ぼくは泣いていたが、パパを偲んでこんなにたくさんの人が参列に来てくれたと、泣きながらも少し自慢に思ったことを覚えている。教会に入るとぼくは泣いて泣いた。パパの死を知らされた時以来、これほど泣いたことはなかった。

美しい歌、そして悲しみにあふれる人たちの参列、葬式は美しかった。全員が棺のところへ進んでキスをするか、花か線香（パパの友達の一人が仏教徒で、仏教の葬式では線香を焚くのが伝統だ）を置いた。参列者が席に戻る途中、ぼくらの前を通る時に、やさしく会釈をしていった。ほとんどの人がママに向かって、うなずいて同情をあらわしてくれた。そのうちのだれかが姉とぼくに対してもうなずいてくれると、とてもうれしかったことを覚えている。式が終わると、ぼくたちは列を作って、お墓の方へ向かった。六人の棺を担ぐ人が先頭に立って教会から出ていき、その後にぼく、ママ、姉が続いた。埋葬が終わると、サンドイッチの時間になった。

たくさんの人の別れのことばは、今ならぜひ聞きたかったけれど、ぼくら子どもたちはあきてしまって、遊びたくて外へ出てしまった。その時語られた別れのことばが書き残されていれば、今読めるのにと思う。

葬式はひとつの美しい思い出としてぼくの中に残っている。

ぼくとパパ

両親とぼくとの関係はいつも親密だった。パパが生きていたころは、ぼくはまだ小さな子どもで、ぼくとパパはごくふつうの父と子の関係だった。

パパはスポーツファンとは程遠く、両親ともサッカーに関心をもたないことに、時にはぼくは少し落胆を感じていた。

今ぼくは少し成長して、もしパパが生きることから逃げるようなことをしなかったら、パパとぼくはたくさん共通の関心事をもつことができただろう、それを考えると少し悲しい。パ平和運動と援助活動は、ともにぼくとパパの関心分野に入る。ぼく自身、今スペイン語を勉強しているので、パパがスペイン語が上手なことで、勉強がどんなにか楽しいものになっていただろう。

パパとの関係は、こうあるべきというぐらいにすごくよかった。ぼくの友達の間でもパパはとても人気があった。物語と遊びの名人だったからだ。こんなことや他にもいろいろ友人たちにしてくれたことを、ぼくはパパに感謝している。

パパが自分にとって最高の父親だったとぼくは確信している。でも多くのことが失われてしまった。だってぼくたちはたったの九年間しかお互いを知らなかったのだから。そのことを考えるととても悲しくなる。この悲しみは一生ぼくについてまわる。

ぼくの立場からいえば、感謝をするか苦々しさを味わうかのどちらかしかない。一方を完全に避けるためにもうひとつを選ぶということはできない。ぼくは感謝する方を大切にしてきたつもりだし、そう思いたい。愛するパパを知ることができたこと、愛をたくさんもらい、大切なことが何かも教えてくれたことに、とても感謝している。

パパへの思い

ぼくのパパ像は年月がたつにつれてだんだんと変わってきている。ぼくはパパを九歳半の時に失った。その時ぼくが考えていたパパの印象はごく普通だった。動いて見えるパパと、止まって見えるパパと、二つに分けて見ると、パパをはっきり思い出すことができる。

ほとんど毎晩寝る前に、ぼくは動くパパの姿を頭の中に映してみた、するとパパをすごく身近に感じた。夢の中では何回見てもパパは生きていた。けれど朝起きると死んでいることを思い出し、がっかりして泣きだしたいほどだった。

時がたつにつれ、動く像を頭の中で再現することがだんだん難しくなって、ぼくは絶望的になった。それにぼくのパパ像は、愛情深く安定した、信頼できるパパというだけでなく、しつこくて厳しくて、口うるさいパパでもある ― というのも、パパはものすごく独断的になることもあったからだ。

これまではそういうことには気がつかないで、ただただパパのいい面だけが見えていた。

何度もぼくは不安になった（あいかわらず今でも不安になることがある）。するとぼくはパパと対話をした。その時にはパパは神々しい存在となって現れ、ぼくは助けと力を求めることができた。ぼくがパパを超人間的に感じると、パパはますます神に近い存在として現れた。今日パパについて書くと、もっと偏ったものになる。どうしてかというと、パパの明るい姿を思い出してしまうからだ。

人生は続く

パパが死んでからもぼくの人生はとてもうまくいっている。ぼくが中学年（日本の小学校四～六年生）を終えるまで、ぼくたちはずっと田舎に住んでいた。それからぼくたちは街の中に引越した。今でも街中に住み、ぼくは学校に通ってサッカーをしている。

ママが新しい男性と付きあい始めたとき、ぼくにはかなり抵抗があって、ママはパパを裏切ったように感じた。でもだんだんとそれを受け入れ始めた。今はわかる、ママが一生一人でパパのことを悲しみながら生きていくなんて、パパだって望まないと思う。ぼくたちはママの新しい夫と彼の二人の子どもたちとほとんどひとつの家族として一緒に暮らしている。けれどママの夫をぼくの「新しいパパ」に置き換えることはしていないし、そんなことはこれからもとうてい考えられない。たとえたくさんの大人の男性がお手本となってくれたとしても、パパの代わりを探すなんてできないだろう。パパを思わない日は一日としてない。でもそれはもう悲しい思いが心を独占する、というのではない。

このごろでは、だれかにパパについて聞かれても、前ほどいやなことだとは思わない。反対にパパがどんな人だったのか、パパの死が何をぼくにもたらしたかを親しい友達に知ってもらうことはいいことだと思っている。でも時には話をすることがあいかわらず難しいときもある。そしてパパのことを十分に思っていないのではないかという罪悪感をもつことがある。そんな風に考えるのはとてもばからしいと思うけれど、どうにもならない。

パパが死んだことでたくさんのことが変わってしまったけれど、変わらないこともある。パパを愛することだ、ぼくが生きている限りそれが変わることはない。

ステーン

（ステーンの姉トーヴェの手記は一九一ページ）

6 ●••

≫ママのそばにみんなが集まり、ママが永久の眠りにつくまでいっしょに座っていた≪

エッバ　13歳

エッバ　一三歳

Ebba

母マリアンヌ（四八歳）をなくしたのは一〇歳の時だった

その夏はすごく楽しかった。でも秋に何が起ころうとしているのか、わたしたちにはわからなかった。

わたしの愛するママ、マリアンヌ――マッランとも呼ばれていた――、は毎晩仲のいい友達と長い散歩をした。わたしも気が向くといっしょについていった。

その友達がママの片方のお乳がもう片方より大きいんじゃないの、といった。「そんなことないわ。片方でばかりお乳を飲ませていたせいよ」とママはいった。でもママは後で危険なことにならないようにと、病院で調べてもらった。

ある日学校から帰って台所にいくと、ママが電話で話をしていた。かなり大切な話だとわたしは気がついた。ママは電話を切ると、窓のそばのいすに座って泣いていた。わたしはママのひざに座ってなぐさめ、何があったの？　と聞いた。「病院から女の人が電話をしてきて、私が乳がんだといったの」といった。わたしはママを強く強く心から抱きしめた。わたしもたくさん泣いた。とても危険な病気だということを知っていたからだ。でもママは世界でいちばん強い。ママは切り抜けるわ。大丈夫、元気になるわ、時間はかかるけれど……とママもいった。

時間は過ぎていった。ママが病気だということをわたしたちはあまり考えなかった。でもときどきわたしはママが乳がんだということが気になった。ママはあいかわらず前と同じですばらしく、明るかったし、わたしの毎日もふつうと変わらなかった。ママが元気になるのをわたしは知っている。わたしは家人たちと友達を愛している、彼らはわたしを支えてくれる。

冬が過ぎ、夏が来た。学校が終わるとすぐにわたしたちは別荘のある美しいエリエウー島に移った。わたしは友達といっしょに毎日、少なくとも半日は水の中で遊んだ。夏はすばらしかった。でもいいことには終わりがある。

秋が来た。ママの体調が悪くなった。化学療法と放射線療法を受けた。世界でいちばん強いママ。世界中でいちばん愛するママ、ママからたくさんたくさん愛情をもらった。

毎日、ママはママのママに電話をして、長い間話をした。ママは毎日、おばあちゃん、あるいはパパのママ、あるいは百万人もいるママのお友達、その人たちはみなすばらしい人たちだ。そのうちのひとりと長い散歩をした。

冬が終わり、春が来た。ママは春が大好きだった。二月にはもうブラジャーだけになってベランダで日光浴をしていた。わたしとママはよくサイクリングをして、どっちが最初にうぐいすの声を聞けるかを競争した。もちろんママがいつも勝った。

ママは化学療法と放射線療法の強い副作用のせいで、髪の毛が抜けてしまった。とてもすてきなかつらをもっていたけれど、かつらをつけないでもママは平気だった。ママはだれにでも自分が乳がんを患っていることを話した。話すことをすこしも恐れなかった。

夏が来た。これまでと同じようにすばらしかった。花壇の花が咲き乱れ、日は輝き、わたしは水で遊んだ。ママとわたしはブイのところまでどっちが早く泳げるかを競争した。ときどきわたしが勝ったけど、ママの方がほんとうは早かった。ママが早く着いた時には、そこに座って、わたしをからかったけれど、それは楽しいことだった。

秋が来て、灰色になった。冬が来て、また春が来た。その間にがんは骨、肝臓、肺へとほとんど体全体に広がっていった。ママは日に日に悪くなっていった。でもわたしは気にとめなかった。

わたしの姉さんのボーイフレンドが高校卒業のパーティをすることになって、ママもパパも招待された。ママはパーティのために洋服を買うことにした。でもまったくママらしい、ママはピンクのズボンか黄色のズボンか決められないで、両方買ってしまった。ママとわたしはよく街にいっしょにでかけ、洋服を買った。

パーティではママはいつものように明るく、ダンスをしたりして楽しんだ。でもその後、二、三日たって、わたしが近所の友達みんなと遊んでいた時に、パパが迎えに来た。いつもひとりで帰るのに、どうしてパパが来たのかわからなかった。

パパはわたしの手を握りしめながら、ママが肺炎を起こして入院したといった。わたしは怖くなった。肺炎が危険な病気かどうか、わたしにはわからなかったから。

何日かたってママは家に帰ってきた。そのあと急にものすごく悪くなった。そして入退院を繰り返した。ますます疲れているようだった。とうとう階段をあがって自分の寝室までも行けなくなって、パパが助けなければならなくなった。そしてそれからはもっとひどくなった。

わたしの心はどんどん重くなっていった。でもママは強い。ママは大丈夫。パパはまもなく最期が来るということを知っていたと思う。パパもママと同じくらいに強い。怒りも悲しみも他の人に見せたことがない。わたしは夜よく泣いた、そのたびにパパがなぐさめてくれた。

ある休みの日、わたしは親友のひとりの家にいくことになっていた。その友達とわたしはいつもおもしろいことを探して遊び、彼女の家ではいつも楽しかった。友達のママが迎えに来てくれた。わたしは出かける時、ママに「行ってきます」と声をかけるのを忘れてしまった。

土曜日にはスカンセン野外博物館に行った。次の日が母の日だったので、ママにプレゼントを買った。ママが悪夢を見ないように寝室におくためのドリームキャッチャーだ。ランチを食べ終えたころに友達のママに電話がかかってきて、かなり長い間話をしたあと、わたしも電話に出た。わたしは友達の家族から少し離れたところにいって話した。パパだった。ママが悪くなったので、わたしに家に戻って来るようにといった。わたしは絶対に家に帰りたくなかった。これから友達の家にいってすることがあった。でもやっぱり家に帰ることになった。

家に帰ると、母方のおばあちゃんまでいて、家族がみな集まっていた。おばあちゃんは泊まるみたいだった。夕食の後、近所のパーティにわたしは呼ばれた。わたしは親友のところにいくはずだったのに、かわりに近所のパーティにいってしまった。

家に帰って歯を磨き、ベッドに入ると、お休みをいいにパパが入って来た。わたしたちは長い間話をした。ママはもう長くないとパパがいった。そしてママの部屋にはいかないようにといった。ママが今すごく不安になっているから、といった。パパがわたしといっしょに泣いたのはこの時が初めてだったと思う。わたしたちは静かに泣いた。ママを心配させないように。わたしたちは泣き続けながら、いろいろな話をした。

パパがわたしを抱きしめた、わたしは深くぐっすりと眠った。翌朝、わたしはママに母の日のプレゼントを渡すことになっていた。

その朝はその年でいちばん美しい日だった。花が咲きほこり、小鳥がさえずり、太陽が輝いていた。わたしは下に降りていって、朝ごはんを食べてから、ママにプレゼントをあげていいかとパパに聞いた。

わたしがそっと部屋にいくと、ママがうれしそうな顔をしたのが見えた。パパはドアのところに立って待っていた。部屋に入ったとたん、悲しみの波がわたしに押し寄せたかのようだった。涙をとめることができなかった。回れ右をして、そこから走り去りたかった。もうだめ。でもパパがわたしが立っているところで支えてくれると、ママのところにいく勇気がでた。

わたしはママの横にひざを立てて座った。お互いにほんの少し顔を見あった。それからプレゼントをママのために開けた。ママは喜んだと思う。ママがもうだめだということがわかった。ママが元気になるなら、わたしはなんでもやりたいと思った。でもそれはできないことだった。わたしはママと少し話をした。部屋を出たとたん、涙があふれ出た。

ホールから父方のおばあちゃんがいるのが見えた。いつものように籠いっぱいに食べ物をもってきていた。おばあちゃんは妹たちといっしょにソファに座って、妹たちを何かから守るかのように、しっかり抱き寄せていた。ママが長くないことを妹たちに話していた。彼女たちは泣き始めた。おばあちゃんは妹たちを抱きしめ、わたしを見た。おばあちゃんの目のずっと奥から涙があふれているのを見た。

ママのそばにみんなが集まり、ママが永久の眠りにつくまでいっしょに座っていた。いちばんよく覚えているのは兄さんのことで、兄さんを見るのは胸が痛むことだった。これまで兄さんが泣くところを見たことがなかった。それはまるでだれかが彼の心にナイフを突き刺したみたいだった。見ているのがとても辛かった。

わたしたちはいたいだけ、ママといっしょにいられた。わたしは二時間以上もママのところにいた。泣きながらママと話した。でもいつもと同じではなかった。ママはもう死んでしまったんだもの。わたしはママのそばに横になった。ママは冷たかった。でもだれもが死ねばそうなるのだ。わたしはママを暖めてあげたかった。

その日、わたしたちは家中が埋もれるくらい、お花をもらった。わたしたちの全部の友達から贈られてきた。親友からすてきな花束をわたしはもらい、心が温まった。

午後の四時に霊柩車がママを迎えに来た。ママをとりあげられた怒りと悲しみを、ママを連れていってしまった人たちにぶつけた。ママをもう二度と見ることはできない。

泣き疲れて、ただそこに横たわってわたしも死にたいと思った。わたしは妹といっしょに寝た。その夜は一人で寝るのはいやだった。

その次の日、わたしたちは学校に行かなかった。わたし、パパ、兄さん、姉さんで葬儀屋さんに行った。そこでわたしたちは骨つぼと棺を選んだ。そこに座っていたのはいやなおばさんで、感情もなく氷のように冷たい人だった。彼女は仕事を一刻も早く終わらせたいようだった。

午後には友達がクラスで作ったカードをもってきてくれた。いろいろやさしいことが書いてあり、涙がでてしまった。ママについて、みんなが知っているということは重荷にもなる。何人かが休み時間の時にわたしのところに来て、答えたくないような質問をたくさんした。それはとても心が痛むことだった。とにかく後になればわかるようなことを、みんなは聞いたのだった。

何日かたってお葬式のために牧師さんが家にやってきた。その牧師さんは姉さんの友達のお父さんで、前からよく知っていた。ママやわたしたちについてどんなことを彼が話したらいいかといったことについて、わたしたちは話しあった。それからお葬式で演奏する曲を選んだ。ママのいちばん好きな歌はウルフ・ルンデルの『広い大地』〔ウルフ・ルンデルはスウェーデンの人気があるシンガーソングライター、作家〕とエヴェート・トーベ〔一八九〇〜一九七六、最も国民に愛されたスウェーデンの作詞作曲家、作家〕の歌だった。『広い大地』がいいとわたしたちがいうと、牧師さんは教会で演奏するにはあまりいい曲じゃないね、といった。歌詞にお酒のことが入っているからだ。でもわたしたちがそれをぜひ演奏してほしいというと、ついに承知してくれた。

お葬式の直前にわたしは庭で花をたくさん摘んだ。ママは庭が大好きだった。今日はいちばんいい花をママにあげよう。

わたしたちはヘドヴィグ・エレノア教会までタクシーで行った。その教会には行ったことがなかったので、入るまで中がどうなっているのかわからなかった。音楽がひびき始め、わたしたちはゆっくりと悲しみに溢れた教会に入り、自分たちの席に座った。ドアの中に入ってすぐ、わたしは気持ちに反して涙が出てしまった。前のほうにママの棺がたくさんの美しい花で飾られて置いてあるのが見えた。まるでわたしは泣いている姿を世界中の人に見られているような気がした。

教会はママの友人たちでいっぱいだった。みんなが来られるようにとわたしたちは大きな教会を選んだ。牧師さんはママがとても美しい人だったこと、ママとわたしたち家族がいかにすばらしい時を過ごしたかをたくさん話した。

『広い大地』の音楽が始まると、わたしはもうがまんできなかった。涙があふれ出て、そこから走りだして外で叫びたかった。お葬式はとても美しかった。わたしはママが恋しくて、死にたくなるほどだった。

わたしが泣いているのを見て、兄さんが抱き寄せてなぐさめてくれた。それをわたしは生涯忘れないだろう。そのあと、わたしたちはひとりひとり花を一本ずつ棺の上に置いた。お葬式が終わると、教会の建物に入ってみんなで食事をして話をした。

夏になって、わたしは友達といっしょにヨットキャンプに参加し、いろいろおもしろいことをした。でも夜になると家に帰りたくなった。パパ、ママそして家族が恋しくなって毎晩泣いてしまった。これまでは家に電話をしたことなんてなかったし、恋しくもなかった。ママが死んでからはいつも不安がつきまとっている。パパに何かあったらどうしよう。わたしは心配になって、家族みんなが元気でいるのを知りたかった。

たくさんの夜、パパはわたしを慰めてくれた。でも「ママが恋しい」と声に出していうのはとまどっていえなかった。

秋が来た。ママの墓石ができて埋葬することになった。お墓に立って、ママの体が入っている骨つぼが埋められるのを見るのはつらかった。


わたしはすばらしい時をたくさん過ごしてきた。でも辛い時もたくさんあった。今わたしはこんなことを考えている。人は一度しか生きられない、だから人生を大切にしないといけない。ときどきわたしは自分がほかの人と違っているのではないかと思うことがある。大切と思うことが友達とはまったく違う。わたしは友達より深刻で、物事がよくわかる。なぜならママを失ったから。そのことがどういうことなのか、どのように感じられるのかがわかる。「よくわかるわ」と友達が何度いおうとも、彼らはわたしがいる場所に足を踏み込むことはできない。

ママが死んだすぐあとは、わたしはママがいなくては生きていけないと思った。でもママがいなくても生きていけるのは、それはひとつの力、その力がわたしを支えてくれている。とはいっても――ママがいないで生きていくのはむずかしい。

わたしはママを愛している、人生の最後の日が来るまでわたしはママを愛していくだろう。

エッバ

7●••

≫ママについてだれも何もいわない時のほうが気が楽だ≪

アルミン　13歳

アルミン　一三歳
母フェリーダ（三八歳）をなくしたのは五歳の時だった

両親と姉さん、そしてぼくは一九九三年のはじめに、スウェーデンに移って来た。一九九五年、ママとパパが喧嘩をするようになった。パパが友達とお酒をたくさん飲むようになってからだ。一年間喧嘩を続けた後、両親は離婚をした。

ある日パパが朝早く、ぼくたちの家の隣の空きアパートに押し入って、まだ家にいるママを待ち伏せていた。その時、パパは酔っぱらっていた。パパはママが仕事に出るのを待っていて、ママをアパートにひきずりこみ、絞め殺した。

その後のことはぼくはわからないけれど、とにかくパパは警察署に行って、妻、つまりぼくたちのママを殺してしまったと自首したことだけは知っている。

ぼくが保育園に行こうとした時、知りあいのお巡りさんがやって来て、ママが死んだことを伝えた。そのことを聞いたとたん、ぼくは自分の部屋にかけこみ、頭を枕でおおって泣きじゃくった。姉さんが部屋に入ってきて慰めてくれた。そしてぼくが少し落ち着くと、姉さんは保育園に電話をして、ぼくの保母さんに一部始終を説明した。すると保母さんはぼくが

Armin

保育園を二週間ほど休めるようにしてくれた。その時ぼくは五歳だった。

同じ日、姉さんはママの親友に電話をして、ママが殺されたことを話した。ママの親友はすぐにぼくの家に来て、ぼくたちを慰めてくれた。そして泊まってくれた。ぼくより二歳年上の、彼女の娘もいっしょに来た。その女の子とぼくはそのころよくいっしょに遊んだ。


ママが死んでから、ぼくは心の中に悲しみを感じるようになった。毎年、年を越せば忘れるだろうと思っているけれど、忘れられない。どうしても悲しみを感じてしまう。

ママについてだれも何もいわない時のほうが気が楽だ。誰かがママのことについて話しだすと、ついママといっしょにいた時のことを思い出してしまう。でもぼくには父方の祖父、祖母そして姉さんがいて、ぼくのことをみてくれている。祖父母はママが死んでからスウェーデンに移ってきた。ぼくにとって二人は父と母で、たったひとつの違いは祖父母が年をとっていることだけだ。

パパは刑務所に六年間拘束されていた。それから二〇〇一年一一月にスウェーデンから永久追放された。ぼくたちはパパとはたえず、今でも連絡をとりあっていて、週に一度は電話で話をする。メールは携帯で毎日送る。毎年夏休みとクリスマスには、祖父母や姉さんといっしょにパパに会いに行く。

もっと小さかったころ、ぼくが騒ぐと、みんながぼくをからかった。ぼくはからかい返した。でも今はみんながぼくにママがいないことを知っているので、だれもからかう子はいない。ぼくはママがいてもいなくても、からかうことはよくないことだと教えられている。ママが死んですぐのころは、ぼくは助けをたくさん必要としたけれど、このごろではママがいないことに慣れてきたので、助けはあまり必要ではなくなった。

パパとぼくはママについてほとんど話をしない。一度ぼくが話そうとしたけれど、パパはほかのことを話したがった。ぼくはパパの気持がわかる。ママのことは思い出したいことではないのだ。できれば全部を忘れ去りたいのだと思う。

パパがママにしたことをぼくは許すことができると思う。パパがママを殺した時には、ぼくは小さかった。パパはぼくのためによいこともしてくれた、でもママを殺すようなとても悪いこともしてしまった。パパは変わった。今、友達といっしょに飲むのはジュースだけだ。以前のようにぼくは悲しくはならない。ぼくの人生の中に、祖母がママの代わりになってかかわってくれたからだと思う。これまで祖母とぼくの関係はとてもうまくいっている。

ぼくは悲しくなった時には姉さんの部屋に行く。そして姉さんと話をする。ぼくがもっと小さかったころのほうが姉さんとよく話をした。このごろでは前ほどは話さない。でも、たとえばママについてだれかがぼくをからかうようなことをいうと、ぼくはすごく悲しくなる。そんな時姉さんのところへ行って話をすると、姉さんが慰めてくれる。

学校にはとても親切なカウンセラーがいる。彼女はぼくが話したい時はいつでもいらっしゃいといってくれている。ぼくはまだ行ったことがないけれど、いつでも来ていいといわれることはほっとすることだ。

前は友達といっしょによく外で遊んだ。このごろはほとんど家にいて、人間はもう一度生まれ変わって、新しい人生を始めることができるのかどうかを考えている。ぼくは生まれ変わることができるよう願う。そうすればママはもう一度生まれ変わって、ぼくは生まれ変わったママを訪ねることができる。

ときどき、友達と外出する。その友達とは話したいことを何でも自由に話すことができる。一度その友達といっしょに、人は死んだらどうなるかを話しあった。ぼくたち二人とも人は死んでももう一度新しく生まれ変わると信じている。もし人にやさしくしたら、生まれ変わる時には病気にかかっていない普通の人に生まれ変わる。生まれ変わることができると願う。そしたらぼくはママを探し出し、ママと話そうと思う。

ママとのすてきな思い出はぼくの五歳の日。

その日はぼくの友達をたくさん招待していて、ママがラジカセをかけたらとぼくにいった。ぼくは使い方をちょうど覚えたところで、パパの歌を入れたカセットテープを入れた。音楽がなりだすと、みんなが踊り始めた。みんな踊りたいように踊って、すごく楽しかった。

この日のことは生涯忘れない。絶対忘れたくない。
ママは三八歳まで生きた。名前はフェリーダ、とてもいい名前だとぼくは思う。

たとえ時間をもとに戻したいと思うことがあるとしても、悲しみがいつもぼくの心にあるとしても、幸せな人生を生きようとぼくは思っている。今は学校に行き、ぼく自身のやりかたで子ども時代を楽しんでいる。休みの日にはボクシングをしている。
冬は家にいることが多く、楽しくない。でも夏は友達と外で走り回れて、すごく楽しい。大きくなったら、警察官になろうと思う。ぼくは今一三歳だ。

アルミン

8●••

≫母を恋しく思い始めたのは何年かたってからだった≪

マデレーン　18歳

Madeleine

マデレーン　一八歳
母エヴァ（四二歳）をなくしたのは三歳の時だった

わたしが生まれて半年以上が過ぎたある日、母はバスに乗ろうと走りかけて転倒した。足が身体を支えきれなかったのだ。病院で何時間も待たされ、痛みを伴う大変な検査を受けたのち、多発性骨髄腫に冒されていることがわかった。骨髄腫とは骨髄がんの一種で、だんだんと骨が冒され、激痛があり、呼吸ができなくなるほど体を蝕んでしまう。いちばん困るのは治す薬がないことで、母はあまり長く生きることはできなかった。

わたしが生まれた最初の年には母は家にいて、わたしと四歳上の兄の世話をし、できる限りの愛情を注いでくれた。でも、そのうち父と父方の祖母が母の代役をはたさなければならなくなった。

いろいろな治療を受けるために母は何度も病院まで往復した。父に訊ねたことを思い出す。「ママはいつ帰ってくるの?」　わたしが聞くと、「週末だよ」と父が答えたのをよく覚えている。わたしは家にいて、金曜日を待った。ついに母が救急車で現れた。でも母はあまりに疲れていて、話をすることもできず、すぐにベッドに寝かされた。わたしと兄はママを邪魔してはいけないといわれた。そのあとすぐまた救急車が来て、母を連れて行ってしまった。痛みがひどくて、鎮痛剤が必要だった。

ことばにはいい表せないほどの痛みには、思いやりを示したり、そばにいたりということは効果がなく、病状をやわらげることはできなかった。ひどい痛みを鎮めることはホスピスか病院でしかできなかった。こういったことがどういう意味をもつのか幼いわたしにはわからなかった。わたしは置いてきぼりにされたと思い、救急車が母を連れて行ってしまった時には、何もわからないまま、顔に涙を流していた。

ある日、母は本当に家にいた。筋肉をほぐすために、マッサージ師が家に来ていた。わたしはベッドのはしっこに座り、母がマッサージをしてもらっているのを見ながら、ママは今痛くないんだ、とかなり確信をもつことができた。子どもの無邪気な見方かもしれないが、母の体のマッサージを手伝った時には、わたしもママを助けてあげられるのだと実感した。ママといっしょにいることを許され、この時よく覚えているのは赤いマッサージ器のことで、それを背中にあてるとつま先までくすぐったくなることだった。

わたしが三歳半になった秋に、ママは病院で死んだ。その時にわたしが泣いたのかどうかも覚えていない。わたしのほかはまわりの人がみな涙にひたっていたというのに、なぜみんなが泣いているのかがわからなかった。その日はいつもより早く、わたしたち家族の知りあいの女性が、わたしと兄を保育園に迎えに来た。でもわたしたちは母にさよならをいいに病院まで行かなかったと思う。兄は七歳になったところで、一週間後には一年生になり、学校が始まるはずだった。兄は元気にしていようとしていた。

お葬式は母が死んだその日に行われた。わたしは不安を感じていた。というのも何もわからなかったからだ。なぜみんなが悲しんでいるのか、何が起きたのかということについて、だれもわたしに説明してくれなかった。ただたくさんの人が地面に掘られた大きな穴のまわりに立っていて、棺をじっと見ていた。わたしは父の手を強く握り、父を見上げ聞いた。「なぜパパは泣いているの?」父は「わからない」と答えた、その目を見た時、初めて涙が目からこぼれ落ちた。

母を恋しく思い始めたのは何年かたってからだった。わたしは三年生になっていて、この年ごろの女の子はかなりママっ子になる。「今日はママと洋服を買いに行くの」というのを聞いたり、「ママとわたしは……」と話す友達を見て、父は他の母親たちとは違うんだ、とわかった。

父と買い物に行くと、店にまっすぐ入って必要な洋服を指差すまで、時間は十分しかくれなかった。一方、友達の母親たちは、娘に似合う洋服をゆっくりと選んでくれる。学校ではそれがとくによくわかった。わたしは兄が小さくなって着られなくなったセーターを着て、ボーイッシュな女の子に見えたと思う。別に気にはならなかったけれど、「少女らしく」見えるようになるまでには、かなり長い時間がかかった。

わたしたちはそれまでずっと住んでいた家にその後も住んでいた。父は家のことと二人の子の子育てで、自分の会社を切り盛りしていくのが難しいようだった。

それらのことが父の人生に、たくさんの女性が出入りするようになる原因になったのかもしれない。それはわたしの人生にも影響し、うれしいことばかりとはいえなかった。小さいころは父のガールフレンドには、わたしの母親であるかのように接した。でも彼女たちは一人ずつ消えて行き、わたしの信用も消え失せた。わたしと父との強い絆をよく非難された。時には彼女たちは耐えられなくなり、嫉妬するのだった。

女性たちは来ては去った。小さいころは軽く受け入れることができたけれど、十代になると難しくなった。父の女友達の中でひとり、とくに思い出すのは、父と彼女の関係が終わってしまったのはわたしのせいだとはっきりと手紙で指摘したことだ。その手紙を彼女は、家を去る日にわたしのベッドに置いていった。その後のわたしの日々は暗かった。同じ時期に父は失業してしまい、落ちこんでいた。わたしは罪悪感にさいなまれ、このことが原因で、体重の問題をかかえてしまった。

でも明るい時もたくさんあった。父との関係はとてもよかったし、今もいい。わたしは父から自由と勇気をたくさんもらった。バスケットや空手をしたいという時も父は励ましてくれた。わたしたちはいつも大きな家に住み、広い敷地があり、プールやありとあらゆる物がわが家にはあった。一二歳になった時、わたしは犬をもらった。でも犬は父の方を気に入っていて、すぐに父の犬になってしまった。わたしたち家族はお金には困らなかったので、その点ではわたしは少し甘やかされていた。

物はたくさんあってもわたしはひとりぼっちで、学校が始まるまではだれも友達がいなかった。でも友達ができるようになると、友達の家族もわたしの人生にかかわってきた。低学年から高学年〔低学年は一～三年生、中学年は四～六年生。高学年は七～九年生で日本の中学校に相当する〕になるまでは一歳年上の女の子ととても仲良しだった。彼女とわたしはまるで姉妹のようだった。それに二人の妹と一人のママもおまけについてきた。彼らの家族の一員になれたのはわたしには最高だった。というのもいちばん願っていたのは「完全な家族」をもつことだったから。

家族どうしで行き来もするようになり、セーレンにスキーに行ったり、ヨーロッパを一緒に旅行したりしたのだった。そのママがわたしの成長にいちばん影響した女性ではないだろうか。残念ながら家族の意見の違いから、その友達とも家族とも連絡が途絶えてしまった。

多くの友達の家族がわたしを臨時の娘として〝養子〟にしたいと考えがちだった。高学年になってからはわたしと級友のひとりとはずっといっしょにいて、いつもお互いの家に泊まったり、休暇にはお互いの家族といっしょにどこかへ行ったりした。わたしたちがいっしょにいない、というときはどちらかが重い病気になった時だけだった。そこでパパはわたしの友達に絆創膏というあだ名をつけた。

その友達のママもわたしの人生にお手本として、母親の代わりとして、大きく影響した人だ。彼女はかっこいいママであると同時に、いやなことがあれば泣きついていけた。十代の悩みやボーイフレンドのことや同性の友達との喧嘩についてなど、父とは話しづらいことも彼女になら話せて、とても大切な人だった。

自分の本当の母親をもたないことで、いちばん困るのは、わたしが自分の子どもをもつときだろうと思う。その時にはだれと相談したらいいのだろう？　わたしの子どもたちはだれをおばあちゃんと呼んだらいいのだろう？

母はポーランド人だったから、わたしのルーツの半分はポーランドにある。残念ながら、ポーランドの親類とはほとんど連絡が途絶えてしまっている。大人になるにつれて残念に思うことは、母の祖国のことばや文化をもっていないことだ。学校の母国語教育でポーランド語を申し込んだけれども、家で使っていないという理由で受けいれてもらえなかった。ポーランドの祖母は昨年のクリスマスに死んだ。わたしが祖母を訪ねたのは確か九歳の時だったと思う。彼女はわたしによく手紙をくれた。小さいときにはわたしは少しポーランド語がわかって、話もできた。でも時がたつにつれて忘れてしまった。ポーランドの最後の親類は残っているので、兄といっしょに会いに行こうかと話している。

もし母が生きていたなら、わたしはより厳しく育てられていたことは確実だ。でもそうだったらわたしは母の国のことばを話すことができていただろう――母の仕事は通訳だった――そして母が育った国のことももっと知っていたと思う。

わたしが幼い時に母をなくしたことは、多くのことがわたしの人生で変わったということでもある。たぶん母がいないことでわたしはより強くなり、自立心もより育ったと思う。自分を見てそう思う。父は精神的に強い人で、その父の性格の一部をわたしは受け継いだ。父はわたしと兄に最善を尽くして育ててくれた。そしてわたしたちが自立心をもって、ひとり立ちできるようにと願っている。このように育てられたおかげで、ほかの育てられ方は知らないけれど、欠点を探すのはむずかしい。将来も明るいと思う。

高校を卒業したら、翼をはばたいて世界を見てみたい、それからわたしの大きな夢を実現させるために歩みたい。わたしは仕事が認められるプロの写真家になりたいと思っている。その職業で食べていけるよう、とにかく写真かグラフィックデザインの仕事をしたい。とても競争が激しい分野で、成功していない女性も多いこともわかっている。でも目的を達成するためにファイトをもって努力するつもりだ。

マデレーン

9●●●

≫近所の人たちはぼくらが来るのを見かけると、顔をそむけ、道の反対側に行ってしまうのだった。彼らは悲しみを恐れているのかもしれない≪

フレーデリック　16歳

フレーデリック　一六歳
父クリステル（五三歳）をなくしたのは一三歳の時だった

Fredrik

ぼくの子ども時代はどんなよそのスウェーデンの子たちとも変わらなかった。いい時も悪い時もいつもぼくを支えてくれるママとパパがいた。

生まれた時から八歳まで、ぼくはストックホルムの南に位置する郊外に住んでいた。その後ぼくたちは他の都市の郊外に移った。その地域は子どもがいる家族にとっては完璧で、住宅がたくさんあって、学校も商店街も近かった。でもその時のぼくは何かが大きく変わることがいやで、新しいことに適応しにくかった。それでもしばらくたつと友達ができ、住み心地はよくなった。その時の友達とは今でもつきあっている。

パパとぼくの関係はいつもよかった。ぼくたちの間には何の問題もなく、よくいっしょに過ごした。ぼくがアイスホッケーの練習をしている時には、パパはスタンドで見物していたし、ゴルフもよくいっしょにした。ぼくの家族はいつもお互いに強く依存しあっていて、常に四人でいっしょだった。パパが白血病と診断された時、ぼくらがいつも幸せに過ごしてきたから罰があたったんだろうねとパパがいった。

パパの最後の夏はパパとぼく二人だけの休暇を過ごした。ぼくたちは小さな田舎町、スンネに行った。ゴルフ場で毎日一日中プレーをして、ホテルで食事をし、いい部屋に泊まった。それはすばらしい思い出となっている。

パパが死んだあと、ぼくは自分の殻に閉じこもるようになってしまった。七、八か月間じっとこもったままだった。学校に行く気力がなくなり、しょっちゅう休んだ。朝起きるなんて意味がないと思った。死にたいとも考えた。なぜぼくがパパの代わりに死ななかったんだろうと思った。ただ自殺をしようとは考えなかった。ママとはこういう問題を話す勇気がなかった。ママも姉さんもぼくも自分の気持ちを話すことは避けていて、悲しみを分かちあうことは難しかった。二人の友達がぼくをすごく助けてくれた。ひとりはぼくと気があった。もう一人は彼の母親が乳がんの手術をしたのだった。二人ともぼくより二歳年上だ。

パパが死んだ時、アイスホッケーのコーチがママを強く抱きしめて、ぼくの面倒をみると約束してくれた。コーチは最初冷たい人に見えた。あとでわかったことだけれど、彼は自分の子どもを白血病で亡くしていて、ぼくたちに心から共感したようだった。

でも近所の人たちの中にはぼくたち家族に背を向ける人もいた。彼らはぼくらが向こうから来るのを見かけると、顔をそむけ道の反対側に行ってしまうのだった。少しお酒を飲んだ時だけ、ぼくらがその後どうしているかと聞くのだった。それもぼくたちに直接聞かないで、彼らどうしで訊ねあっていたということを、あとで人から聞いた。きっと彼らは、ぼくたちが悲しむのを恐れていたのかもしれない。でも悲しい時に、彼ら自身は人にどう接してもらいたいのだろうか？　ぼくたちを避けて通った人が「声をかけて、泣きだしでもされたら困る」といいわけしていたそうだ。わが家では姉さんもぼくも自分たちが相手に接してほしいように、相手にも接しなさいと教えられた。いずれにしてもパパが死んでから二年半たって、ぼくらは郊外の別の家に引越した。あの家から、あの地域から、そして記憶からも遠ざかり、やり直しをすることは救いになった。

今、家にはぼくとママしか残っていない。姉さんは高校を卒業してから、一人立ちできるようにバルセロナでスペイン語を勉強している。

ぼくは体育高校に通っている。姉さんがスペインから帰ってきた時には、一緒に家にまた住みたいといっている。姉さんが恋しい。そばにいてほしい。

この本にぼくは手記を載せたいと思った。起きたことのすべてを思い出すことが、今もうできなくなっている。ぼくは忘れたくない。記憶をしておくためにぜひ書きたいと思った。九年生の時、選択の時間〔生徒自身が自分でやりたいと思うことを選ぶ科目〕に「悲しみ」について書いたことがあった。残念ながら、その作文をとっておかなかった。でもこの本の中で姉さんが書いた手記は、ぼくにたくさんのことを与えてくれた。悲しみについてぼくが読んだものの中では姉さんのものがベストだ。

フレーデリック

（フレーデリックの姉カロリンの手記は一一九ページ）

10●••

≫たくさん管がつけられていて
こわかった。
パパにスキンローションを塗る
のをママが手伝ってくれた≪

フェリシア　9歳

フェリシア　九歳
父クリステル（三六歳）をなくしたのは六歳の時だった

Felicia

パパが死んだ時、わたしは悲しかった。

パパは二〇〇〇年一二月二二日に、睾丸のがんで死んだ。わたしは病院によくお見舞いに行った。最初はそれほど悪くなかったけれど、そのうちパパは人工呼吸器をつけられてしまった。パパの体にはたくさん管がつけられていてこわかった。でもわたしがパパにスキンローションを塗るのをママがてつだってくれた。

ルシア祭の日にお姉さんといっしょに、パパのためにルシア姫になって、ルシアの歌を歌いたいと思った。パパは集中治療室で治療を受けていたけれど、歌ってもいいといわれ、わたしたちはサンタルチアとクリスマスの歌を歌った。

パパが死んで、ママとわたしたちはどのようなお葬式にしたいのかを話しあって決めた。棺の上にはどんな花を置くかも決めた。ハートの形をした赤いバラもわたしたちそれぞれが用意した。棺の上に置くために、わたしはピンクのバラを選んで、それを手にもってパパの棺の上に置いた。

フェリシア

（フェリシアの姉のファニーの手記は一〇五ページ）

11●••
≫ぼくが他の人たちにお願いしたいのは
そっとしておいてほしいということだ≪

ポンテュス　11歳

ポンテュス　一一歳

母ウッラ・カーリン（五〇歳）をなくしたのは一一歳の時だった

ママは、筋萎縮性側索硬化症（ALS）という神経の病気にかかった。ママが死んだのは、病気がわかって一年ほどたってからだった。

ママはすごくやさしくて、もしかすると世界一やさしかったかもしれない。ぼくが小さかったころ、テレビでニュースを読むのはママだった。ママが出てくるとぼくはテレビのところへとんで行って、画面にキスをした。ママをテレビで見るのはおもしろいことだった。

ぼくたちはママといっしょに楽しいことをたくさんした。映画に行ったり、あちこちのプールで泳いだりした。自然の中で魚釣りをしたり、きのこ狩りもした。それにゲームセンターにも行った。ママはパーティもよくやった。ぼくたちがカナダに住んでいた時（ぼくは地元の学校へ通っていた）、鯨サファリ（ホエール・ウォッチング）にも行った。いつもはカナダの国内を旅行したけれど、アメリカ合衆国まで足を伸ばしたこともある。ニューヨークではワールド・トレードセンターにも行った。それはママが倒れる前だったけれど、ぼくはママと二人で話をたくさんした。

去年ぼくは四年生だった。その時にママが病気になって、たくさんの人がぼくにママのこ

Pontus

とを聞きに来た。ぼくは「もうサッカーに行く時間だから」とだけいった。

新聞がママのことを間違えて書いたものだから、ぼくたちの知っている人たちの何人かが、ママはもう死んだと思って電話をかけてきた。

ママはずっと家で寝ていた。それはとてもいいことだったと思う。でも知らない人がたくさん家に来た。ママを手助けするために来た人たちは、いつも同じ人ではなかった。ある人は器具をとりつけに来たり、ホームヘルパーの人もやって来た。でもそのうち、人が来るのに慣れてしまったし、そのうちの何人かの人たちとは友達にもなった。

牧師さんも家に来て、浜辺についての歌を歌ってくれた。ママはとても喜んだ。ぼくたちはいつもママのそばにいた。でもできれば家族だけでいたいとぼくは思った。

ママはお昼に死んだ。その時ぼくは学校にいた。お棺の中のママを見るのは悲しかった。でも恐ろしくはなかった。ぼくはママのためにサッカーボールをいれてあげた。大人になってから、ママが死んだ時にママに会えなかったら、ぼくは怒るだろうなあと思った。死んだ人に会うことは恐ろしくなんかない、それはぼくが誓っていう。会えばよけいに悲しくなってしまうけれども、それは大切なことだ。

六時に家族全員がママに付き添って、お葬式をする礼拝堂に行った。

次の日、学校に行くとみんながぼくを見た。先生がぼくのママについてみんなで話をしてもいいかと聞いた。

「何が起きたかをここで話したほうがいいと思うけれど、どうかしら。それとも知らないふりをする？」

ママが死んだことについて、すぐに話をしなければ、あとでもっと人のうわさになってしまう。みんなで話しあってしまうと、教室はいつも通りになった。

ママのお葬式でたったひとつ思い出すことはカメラマンたちのこと。彼らはぼくたちの前に突進してきて、お棺の写真を撮っていた。道路に駐車した車のエンジンはかけっぱなしにしてあった。なぜぼくたち家族をそっとしておいてくれないのかと思う。これはぼくたちに関することで、プライベートなことなのだから。ぼくはその時の新聞の切抜きをとっておいた。ひどいことが書いてある。そういうことはほんとうは法律で禁止すべきだと思う。

人生は続く

ママがいなくなって、いちばん困ることはものすごくママが恋しいこと。ママはもういない、でも、どうしてもそれが信じられない時がある。

パパとぼくはママのことをよく話す。そしてぼくはママともおしゃべりをする。電話で話すように声を大きくして話すのではなく、心の中で話をする。パパがときどき、ママのお墓に行こうかとさそうけれど、それは必要ないと思う。ぼくはママと家で話ができるんだもの。

ぼくが他の人たちにお願いしたいのは、そっとしておいてほしいということだ。家族とママをいつも助けてくれたママの親友以外には何も聞いてほしくないし、そのままそっとしておいてほしい。ぼくがいちばん怖いと思っていることは、パパが死んだらどうしよう……ということ。だからパパがインフルエンザにかかった時、ぼくはいっしょうけんめいに看病した。

ぼくは料理教室に通いたいと思っていたけれど、今学期は子どものためのコースがなかった。「男性のごたまぜ」というおじさん用のコースがあっただけで、興味がなくなってしまった。

これまでと同じようにいつも通り、でもママがいないからそうは決してならないけれど、それ以外は全部前と変わらないで続いている。ただママが生きていた時のように、たくさんのことはもうやらない。ぼくはテニスとサッカーをしている。スポーツは集中できて、ほかのことをあまり考えないですむのですごくいい。

ぼくたちは家の中の模様替えをちょっとずつやり始めた。ママの病気を思い出すスロープや車いすや昇降機はとってしまった。これでママが元気な時のことを思い出せる。

ぼくと弟は、ゲームがみんな入る高性能のコンピューターと新しいテレビを買ってもらった。ぼくたちの部屋の壁も新しい壁紙に張り替えたし、新しいカーテンもつけてもらう。ぼくがやりたいことはパパとカヌーに乗ることと、タイかイギリスへ旅行することだ。それからぼくらの大人になった姉さんたちに会いに行ければ楽しいな。

ポンテュス

12●●●

≫父の日にはパパのお墓に行って
ココナッツのついたチョコレートボールを
クリスマスイブには小さなウイスキーのコップをもっていった≪

ファニー　11歳

ファニー　一一歳

父クリステル（三六歳）をなくしたのは八歳の時だった

fanny

パパが病気になったことを知った時、どんなことがこれから起こるのだろうかと心配になった。病院にパパをお見舞いに行った時は大丈夫だった。でもパパにつけられたあのたくさんの管が怖かった。ルシアの日には妹といっしょにわたしたちはルシアの歌を歌って、パパにスキンローションを塗ってあげた。

パパはクリスマスイブの二日前に死んだ。パパが死んでしまったとママがいった時、わたしはどうしようもなく悲しくなった。お葬式はうまくいったけれど、最初わたしはこわくて、パパを見るために部屋に入っていく気にはなれなかった。

学校に戻って、とてもほっとした。それまで何人かの仲のいい友達にしか話をしていなかったので、わたしがみんなに話をすると、みんなはすごくびっくりした。このごろわたしも妹のフェリシアもお互いをとても大切にするようになった。

パパにもう会えないのがいちばんつまらない。パパと話をしたり、抱きしめあったりしたい。

父の日にはパパのお墓に行ってココナッツのついたチョコレートボールや絵を置いてく

る。パパのお誕生日には誕生日カードやお花をもって行く。クリスマスイブには小さなウイスキーのコップをもっていった。

ファニー

（ファニーの妹フェリシアの手記は九五ページ）

13●••

≫最初病院には入りたくなかった。
でもその部屋には安らぎがあった。
パパは一本のバラといっしょに
横たわっていた≪

マグヌス　17歳

マグヌス　一七歳

父ホーカン（五五歳）をなくしたのは一五歳の時だった

パパは二〇〇二年三月二八日に、マリエフレードのガソリンスタンドで死んだ。

パパは新しいヤマハ・ブルドッグ〔バイクの機種名〕を受け取りにスモーランドまで行って、それに乗って家に帰る途中だった。ガソリンが途中でなくなってしまった。パパはそのあたりの地理に詳しかったので、ガソリンスタンドがどこにあるのかも知っていた。

モーターバイクを押しながらガソリンスタンドに行くところだった。かなり暑い日で、皮のジャンパーを着ていた。そこで働いている人の話では、パパはバイクをガソリンスタンドに置いた直後に倒れたということだった。少しも苦しまなかった。

夜の七時ごろ、ぼくが友達と外出をしている時に、ママから携帯に電話があった。

「話があるから、すぐ帰って来て」

ぼくが家に帰ると、警察官が二人と牧師さんが台所に立っていた。でもママは何も話さないでほしいと彼らにいって、ぼくを部屋に連れて行き、ためらわずにありのままをぼくに話してくれた。

ぼくは泣きたいような気持ちにはならなかった。あまりにも現実とはかけ離れていて、本当のこととは思えなかった。だから嘆き悲しむことはなかった。そのあと少しだけ牧師さんと話をした。警察官たちは何もいわなかった。

ママは父方の祖母のところへ車で出かけたが、ぼくはついて行く気にはなれなかった。ぼくはガールフレンドのところへ行った。行く前に友達のひとりに電話をして、ぼくが戻れない理由を説明した。それから十分もたたないうちに電話が鳴った。友達が電話で「どういって慰めていいかわからないけれど」「でも君が必要な時にはぼくたちはいつもそばにいるよ」といってくれた。友達にどういっていいかわからないといわれても、それはぼくにとっては全然気にならないことだった。

以上がその日にあったことだった。

それは復活祭の休日の最初の日、学校が休みで、ぼくは家にいた。

その翌日、ママとぼくはママの妹夫婦といっしょに、ガソリンスタンドまで行った。パパがどのように倒れたか、知りたかった。ガソリンスタンドの人はあまりよく知らないようだったけれど、従業員の女性の一人がパパのことを目撃していて話してくれた。それからぼくたちは病院に行った。ママとぼくだけが中に入り、叔母たちは外で待っていた。ぼくは病院には入りたくなかったけれど、入ってすっきりした。パパが死んだことは、本当に起きたことだということが実感できたし、理解できた。ぼくはあの楽しいパパを覚えていたかったので、死んでしまったパパを見たくなかった。でも兄さんが、たとえ死んだパパを見ても、楽しい思い出は心の中にずっと残っているよとぼくを説得した。

その部屋は落ちついていて安らぎがあった。パパは一本のバラといっしょに横たわっていた。パパが着ていた服は袋に入れて、あとで家に送られてきた。部屋に入る前にとてもやさしい牧師さんと看護師の人がそばの部屋でぼくたちに心の準備をしてくれた。部屋から出た後も、どうだったかと聞いてくれた。牧師さんも部屋にいっしょに入ってくれた。ぼくはパパを少し離れたところから見た。そばには寄りたくなかった。

何日かすると、兄さんたちや親類が家に来て食事を用意してくれた。ぼくは両親共通の唯一の子で、上に四人の異母兄姉と異父兄姉が二人いる。異父兄姉たちはよく家に来る。

親類がみんな家に帰って、ママもほかの用事で忙しいので、ぼくは友達に電話をした。家族や親類から離れて、違う種類の人に会うことは気分のいいことだった。友達と会ってすぐに、「それで、どうしたの?」とか「そりゃ、もう大変だったよ」とまるで事態が今、起きたかのように話をした。友達と話し、彼らに少し同情されたあとは、ぼくは他のことをしゃべることができた。

パパがいなくなってしまったことを自分で理解できるようになるまでには、かなり長い時間がかかった。オーケー、ぼくのパパは死んだ、でもまるで何も起こらなかったような気もする。でもあとになってパパが死んだ悲しみは少しずつやって来た。

休みが終わって、ぼくは学校に通い始めた。でも、日によっては昼食のあとに家に帰った。ほかの日はまったく学校に行けなかった。ママが学校に電話をした。「話は聞いています。本当にお気の毒なこと、大変でしょう」と先生たちはいった。ママに代わって電話に出たぼくは「何かほかのことを話してくれませんか」といった。ぼくはことを大きくしたくない。多くの人にとってパパが死んだことは何の関係もない。

でも一年半会っていない友達が電話をしてくれたのはうれしかった。ぼくの親友の女の子は花束を贈ってくれた。彼女はぼくのパパのことが大好きだった。五、六歳の時から行き来していて、パパとも気が合っていたので、彼女はとても悲しんでいた。

ママがいった。「だれか友達をお葬式に呼びたければ、ぜひ招びなさい」。葬式が親類とパパの同僚だけの参加にならないように、来てほしい友達が一人いた。葬式では彼はいちばん後ろで一人で座っていた。でもぐるっとまわった〔死者に花を添えお別れするために列席者が棺を囲み順番を待つ〕時にぼくたちのところに来てくれて、ママとぼくを抱きしめてくれた。昨夜もぼくが電話したのは彼だった。彼はぼくのもっとも親しい友人の一人だ。

ぼくは葬式では何も手伝わなかった。ママとパパの友達がそういうことはよくわかっていてみんなやってくれた。葬式の時、参列者が棺の前に出て、何秒間か別れを告げる機会があることはいいことだ。パパのことをあまり知らない人も来ていた。葬式がすむと、みんなで教会の中の食堂でサンドイッチを食べたあと、コーヒーを飲んだ。

そのあと、ぼくは友達のところへ行った。すべてから逃れることが必要だった。悲しくて、悲しくて、悲しくてしかたがなかった。これからサッカーを見るつもりだ。心のバランスをとらなくてはと思う。葬式にしても、みんなが悲しがって、精神的に疲れ果ててしまった。ぼくは以前、ママの親友のひとりの葬式に出たことがあるので、葬式がどういうものかを知っていた。

ママと家でもっといっしょにいるべきだとときどき思った。でもぼくが外に行きたいというとママはぜひ行ってらっしゃいといってくれる。ママも外に出るべきなのに、ママの場合はぼくよりもっと時間がかかった。最初ママは家に閉じこもってばかりいた。「だれかに電話して、会ってきたらいいのに」とぼくはいったが、ママは面倒がった。そしてどうしても外出する必要がある時以外は家から一歩も出なかった。ぼくもママも外出をして気分を変える必要があった。学校でもいい、スポーツジムでもいい、その他、どこでも行くところはたくさんある。

ささいなことでぼくは悲しくなった。家のそばの通りのずっと向こうでバイクに乗って来る男性がいる。ぼくは立ち止まり、その人がぼくの前を通り過ぎるまで、ぼくは見ていた。

パパに似た人をよく見かけた。パパではないことはわかっている。でもパパかもしれない。ドロットニングガータンの通りを行くと、その人を見かける、ぼくは家に帰ってくるまでにその人を一八回も見てしまった。その人がパパであってほしかった。

パパという人は楽しい、おもしろい人だった。こっけいなユーモアがあるというのではなく、いつも何かおもしろいことを見つけるのだった。「バイクでひと走りしようか」。毎日夕方の五時には家に帰ってきて、夕食を作ってくれた。ママの仕事は六時までだ。ぼくは台所に座って、お腹が空いたといつも叫んでいた。食事の前か後には宿題も見てくれた。

でもぼくは、パパがやったようには学校もスポーツも努力してこなかった。夜遅く出かけて行って、怒られたこともあった。その時ぼくは一四歳だった。でもわけもわからず怒られたことはなかった。

人は正直でなければならない。何かやりとげるには最善をつくさなければならない。学校へ行くなら、勉強しなければならない。スポーツをするなら、一生懸命トレーニングをしなければならないとパパはいっていた。

その日、ぼくはトレーニングするにはあまりに疲れていて、やめたほうがいいと思った。

何ごとも決して中途半端にするなとぼくはパパからいわれていた。するならば八〇パーセントではなく、一〇〇をめざせと。

パパは労働法の専門家だった。とても優秀で、高く評価されていた。だからパパの死は法律家の間でも惜しまれたとぼくは聞いている。でもパパが高い評価を得るためには代償もあった。パパはしばしば疲れていて、気が沈んでいた。いつも冬になると――それをぼくも受け継いでいる――少し機嫌が悪くなり、いらいらした。冬にぼくらは旅行すればよかったのに、ぼくが出かけたくない夏にいつも旅行をした。

ぼくは、パパといっしょにバイクでフランス、イタリアとヨーロッパ大陸を横断したかった……。今ぼくはバイクを買いたい。パパのためにも。バイクに乗ることが、どんなにすばらしいことか、高速道路だけでなく、ほかにも道があることをパパは教えてくれた。

パパの死について話すことはぼくにとって難しいことではなく、いつでも話すことができる。でも人によっては、話もできない、そこから抜け出すことができないで、人を殴ったりすることもあるという。ぼくはアメリカンフットボールをしていて、一三歳までの少年たちのトレーナーもしている。そして自分では一九歳以下のチームとシニアチームの両方に入ってプレーしている。

スポーツのおかげで、ぼくは攻撃的にならないですんでいることがわかった。ぼくを怒らせようとしても、ちょっとやそっとでは怒らすことはできない。とくにトレーニングのあとはものすごく落ち着き、おだやかになる。以前ぼくはあれもやろう、これもやってみようというタイプだった。フロアボールを二か月、サッカーを一回してやめてしまったこともある……。でも今はアメリカンフットボールのチームとチームのトレーナーは、まるでぼくにとって家族のような存在になっている。

トレーナーはぼくの六年生の時のスペイン語の先生で、ぼくの友達が二、三年そのチームに入っていた。ぼくがチームに入った時、「いいぞ、ウェルカム！」とみんながぼくを歓迎してくれた。ぼくは絶対うまくなるぞと決めた。ぶらぶらしているより毎日アメリカンフットボールをやっていたほうがいい。ぼくのトレーナーは無償でぼくを教えてくれている。だからぼくは恩返しをしたいと思って、少年たちに教えている。彼らも自分たちよりもっと小さな子たちを訓練し始めるかもしれない。そのようにして広まっていく。

異父兄姉ともよりよい関係になったし、姪ができてぼくは叔父さんになり、鼻高々だ。

ぼくはよく教会の共同墓地に行く。墓地にはぐるりと墓石が並んでいる。真ん中には小さな石が丸く並べてあり、噴水がある。ときどきぼくはそこに座って、パパと話をする。家に帰ってママと話をする代わりに。

パパが死ぬ何日か前に、パパとぼくは生活態度の問題について何日間か話しあった。そしてお互いにすべて納得しあった。今ぼくは職業高校の木工コースで勉強していて、すごく楽しい。

少し前にママは胸にしこりを感じた。ママは兄さんたちを夕食によんでその話をした。そしていった。「わたしはちっとも心配していないから、あなたたちも心配しなくていいのよ」。でも、母親ががんになるということが、ぼくたちのところでも起きないとは限らない。友達二人の母親が乳がんになってしまった。だからぼくにだけふりかからないというものではないことはわかっている。

医者が取り除いたママの腫瘍は、たったの五ミリだった。ぼくには考える時間がまだたっぷりあるとはいっても、でもいやだ。今度もまた……ということになりませんように。でもそれは大丈夫だった。

ママがぼくに社会福祉士か臨床心理士のところに行ったらどうかしらといった。パパを埋葬した牧師さんは、ぼくの洗礼式をやってくれた人でよく知っている。彼もぼくに少し座って話をしようといってくれた。でもぼくは座って話をするのは苦手だ。ぼくはその牧師さんにいった。

「個人的にどうこうというのではないのですが、牧師さんよりパパをよく知っている友達と話すほうが話しやすいのです」

マグヌス

14●●●

≫死にいく人と死について話をすることはやさしいようでとても難しい≪

カロリン　20歳

カロリン　二〇歳
父クリステル（五三歳）をなくしたのは一六歳の時だった

Caroline

わたしが一六歳の時に父は白血病になった。父は頑固な人で、死ぬまで一〇か月間病気と闘った。いちばん辛かった時には、わたしには書いたり読んだりすることが救いだった。だれかと話をするということは微妙すぎてできなかった。

国語の教科書、「言葉と人間」の中に、いくつかとても有意義な文章を見つけた。サーラが書いた短い文は、母親が死ぬ半年前にもらった本を、ずっと後まで読んでいなかったという話だった。それは、エリサベズ・キューブラー＝ロス〔アメリカの精神科医〕という人が書いた「死ぬ瞬間と臨死体験」という本だ。死については話しあうことがいかに大切か、話そうともしないでお互いを守ろうとすることはしないことだとロスはいう。サーラは母親が生きているうちにその本を読まなかったことを悔いている。本にはサーラが疑問に思っていたことの答がたくさん載っている。

サーラの話に強くひかれ、同じ本を買った。これまででいちばん感動した本だった。しかし、死にゆく人と死について話をすることはやさしいようで、とても難しい。というのも望みがないということはいいにくいことだし、大丈夫、よくなるよ、といってしまうのは裏切りのようにも思える。その辛いことが続いている間は、多くのことが見えないし、見たくもない。父のために書いたわたしの詩にもそれが感じられる。

日が沈むのは骨が折れることだとあなたはいった
あなたにとって恐ろしい会話へのさそいだったから
わたしはなんと答えたかも覚えていない
もう二度とチャンスがないなんて、その時わたしはわからなかった

あなたは泣いていた、でもわたしにはわからなかった
あなたは消えてしまった、それでもわたしはわからなかった
今あなたはいない、わたしはわかり始めた

父が死んでからも、父がすぐにでも家に帰ってくるような気がずっとしていた。父のものを片付けることができず、母が父の衣類を片づけることさえわたしは拒んだ。母とわたしはこの点についてだけ意見が合わなかった。母は自分の人生を歩んでいけるように、父の形跡を取り去りたいと思っていた。後で考えると、そのほうがよかったと思う。そうすれば、父

が間もなく帰ってくる、などということは考えなかっただろう。でも、自分を慰めるために戸棚にかかっている父の洋服のにおいを嗅ぎ、父を抱きしめている感じをもつことが必要だった。

ルイス・ボイエ・アフ・イエネス〔スウェーデンの現代作家〕の「さよなら　おばあちゃん」も高校の教科書に載っている。涙を流すことなくこの文章を読むことはできないで、何度も読み直さなければならなかった。ストーリーの中にわたしを見出し、他の人もわたしと同じように考えていることがわかった。

いちばん怖れていたのは、父が死ぬ時に痛がるのではないかということだった。だから父が永眠する時に、手を握ってみて痛みがないことを確かめることが大切だった。友人のお父さんは心臓麻痺で死んだ。あまりに突然のことで、彼女はさよならもいえなかった。それを考えると、わたしは父がもうだめだとわかってからも、徐々にその現実に慣れる時間があったことをありがたく思う。もちろんわたしは最後まで望みは捨てなかった。

『今日のユニセフ』という国連児童基金が出しているPR誌に、ウガンダの一七歳になるアネッテの記事があった。アネッテについて「一人で責任をになう十代の少女」と大きな見出しがでていた。彼女の両親は二年前にエイズで死んだ。アネッテは妹や弟五人のめんどうをみながら、HIV陽性の疑いがある妹のために少しだけど、お金まで貯めている。

アネッテにわたしは力づけられた。わたしたちは同い年だ。彼女の話を読んで、わたしも家族の長になれるだろうかと考えた。なれると思う、きっとだれもがなれるだろう。わたしはこう育てられてきた、正しい方向に向かって、努力しなさいと。そうすればなんでも自分でやっていけると自信がもてるようになる。わたしはアネッテに感心した。両親を失った悲しみにもめげず、生き続ける勇気をもつばかりでなく、弟妹たちの手本となって家族を養っている。


わたしたち家族はかなり幸せに暮らしてきた。でも父が死んだことで、わたしと弟は子ども時代の何年間かを失った。より早く大人にならざるをえなかったし、かなりのことを自分でやっていかなければならなかった。もちろん母は母でいてくれている。

父がいてくれたらといろいろな面で思う。時には一緒に議論しあったり、時にはふざけあったり、時にはわたしをほめてくれる、時にはわたしを怒る父だ。かなりひんぱんに父が生きていたらどう思っただろうか、どう感じただろうかと想像する。家族や親しい友達を失ったほとんどの人たちが、わたしと同じように死んだ人がどう思ったかを考えると思う。その人がいなくなったからといって、彼らをすぐ消し去ることはできない。

わたしの家族は、悲しみをいっしょに分かちあうことができない。置き去りにされた三人はてんでんばらばらの方向に向かって生きている。台所の主のいないイスから遠ざかること、以前からの習慣から遠ざかること、父が残した足跡から遠ざかること、こんなふうにわたしたちはそれぞれのやり方で対処してきた。

父が病気だと知らされた最初の夜を思い出す。父は病院に残り、わたしたちは家に帰ってきた。家に着くなり母は電話に飛びつき、祖母に向かって泣き叫んだ。弟は吹雪だというのに何時間も雪かきをしていた。わたしは自分の部屋で電気を消し、胎児のように縮こまってふとんにくるまっていた。

父が死んでからわたしは自分の殻に閉じこもったままで、だれとも話ができなかった。不眠はより深刻になっていた。考えないようにするために絶えずなにかやっていた。学校では燃えつきてしまって体がついていかなかった。毎月、一週間は風邪をひいていた。わたしは孤独でひとりぼっちで恐れている、悲しみでいっぱいの子どもだった。自分でやっていかなければと、気分が悪いことを人には見せないようにしていて、それをだれにも知られたくなかった。それは自分を守ることでもあり、他の人に面倒をかけないことでもあった。

同時に、だれかが電話をかけてくれて、「どう?」と聞いてほしかった、そしてわたしを引っ張り出してくれたらと願った。とはいっても出て行きたくないことが多かったけれど。電話をしてくれる人はあきらめてしまわないことが大切だった。というのもこちらから電話はかけないのだから。人に迷惑はかけたくなかったけれど、まったくの孤独でないことを感じたかった。

近所の人たちは、恐れていたからだと思うが、わたしたちを避けていてそんなふるまいはこっちが恥ずかしくなってしまった。このことはわたしの記憶に刻みこまれている。当時知りあった友人でさえ挨拶もしてくれなければ、わたしたちがどうしているかと声もかけてくれなかった。もちろん訪ねてくることもなかった。わたしはまるで疫病にでもかかったかのように感じた。わたしたちがいったい何の間違いをしたというのだろうか？

今は、彼らの恐れを理解することができる。でも、一言声をかけてくれればいいのに。死について、あるいは化学療法について話す必要はまったくない、天気の話で十分なのだ。花屋から花束を贈ってよこすかわりに、自分で花を摘んでもってきてくれたらどんなにうれしいことか。もしくはボローニャスープ入りの鍋をもってドアをノックしてくれてもいい、そうすればその夜わたしたちは家庭料理が食べられる、母は時間もないし、料理する元気もない。あるいは芝生を刈ってくれるといったことでもいい、何でもいい、とても簡単なことなのだ。

一年たたないうちにわたしは臨床心理士のところへ通い始めた。でもこれという人に出会うまでには時間がかかった。知らない人、それもそれまでに全然会ったことがない人を信頼し、オープンになることは難しい。最初に通った人のところでは黙ったまま数分が過ぎた。彼女は慰めのことばを探しているようだった。彼女に居心地の悪い思いをさせたことをわたしは恥じた。もうひとりはわたしがどんなことを経験したのかを話すように強いた。質問はしなかった。質問に答えさせるにはわたしはあまりに不安定で気分が悪すぎた。

遂にその女性には全部を話す勇気をもった（彼女はたしか六番目だったと思う）。どうしたらわたしが話しだすかを知っていたし、話しだす勇気を出すにははわたしに助けが必要なこともその人は知っていた。彼女のところに半年間通った。最後の日にはわたしがどのように変わったかを冗談を交えて話した。部屋に入ると背中をかがめながら質問だけに答えていたわたしが、今はソファにどっしりと座り、今週は何をするのかなどを話せるまでになった。

今わたしは、母に父の戸棚を空にしてもらうことができる。もう父の物をそばに置く必要はなくなった、自分で人生を歩んで行くことができる。

「その後、生きる気力が失せた」、これは『子どもとがん』という雑誌の中に見つけた記事の見出しで、興味をひいた。がんに侵された四歳の少女の父親が語っているもので、医者が少女の腫瘍を取り去り、少女の命を救った後に襲ったひどい疲労について語っている。その疲労についてわたしはよくわかる。父は治らなかったけれど、疲労は父が死んでから出た。

その疲れについては説明することは難しく、自分で経験してみないとわからないものだ。精神的にも身体的にも、心身両面の疲れで、あまりにひどくて痛いほどだった。隠れていた一年間の引きこもり、怒り、悲しみ、そして恐れが疲れに凝縮された。それは次のようなものだった。

壊れていても立っている
痛くても微笑んでいる
生きていく勇気がないのに生きている
気力がそうさせる

父が死んでからちょうど三年半たった。

高校を卒業すると、わたしはバルセロナに逃れた。新しい街で、新しい言葉で、そして新しい印象をもてば生きやすいと思った。ここに住んで一年がたつ。いろいろ経験してきてより賢くはなった、でも未だに悲しみは残っている。

これまで驚くような人生の話をたくさん聞いてきた。わたしと同じような経験をしてきた、ほとんどあまりよく知らない人と話をしていっしょに泣いた。大切な人をなくした悲しみを分かちあえる人たちで、力になった。ただ父について話す時、泣く代わりに笑えるようになるまで三年もかかった。わたしは自分を誇りに思う。父もそう思ってくれていることを知っている。

カロリン

（カロリンの弟フレーデリックの手記は九一ページ）

15●••

≫父が死んだのはぼくのせいだと思うことがある。あの戦争に父が行くことをぼくは止めなかった≪

イスマイル　18歳

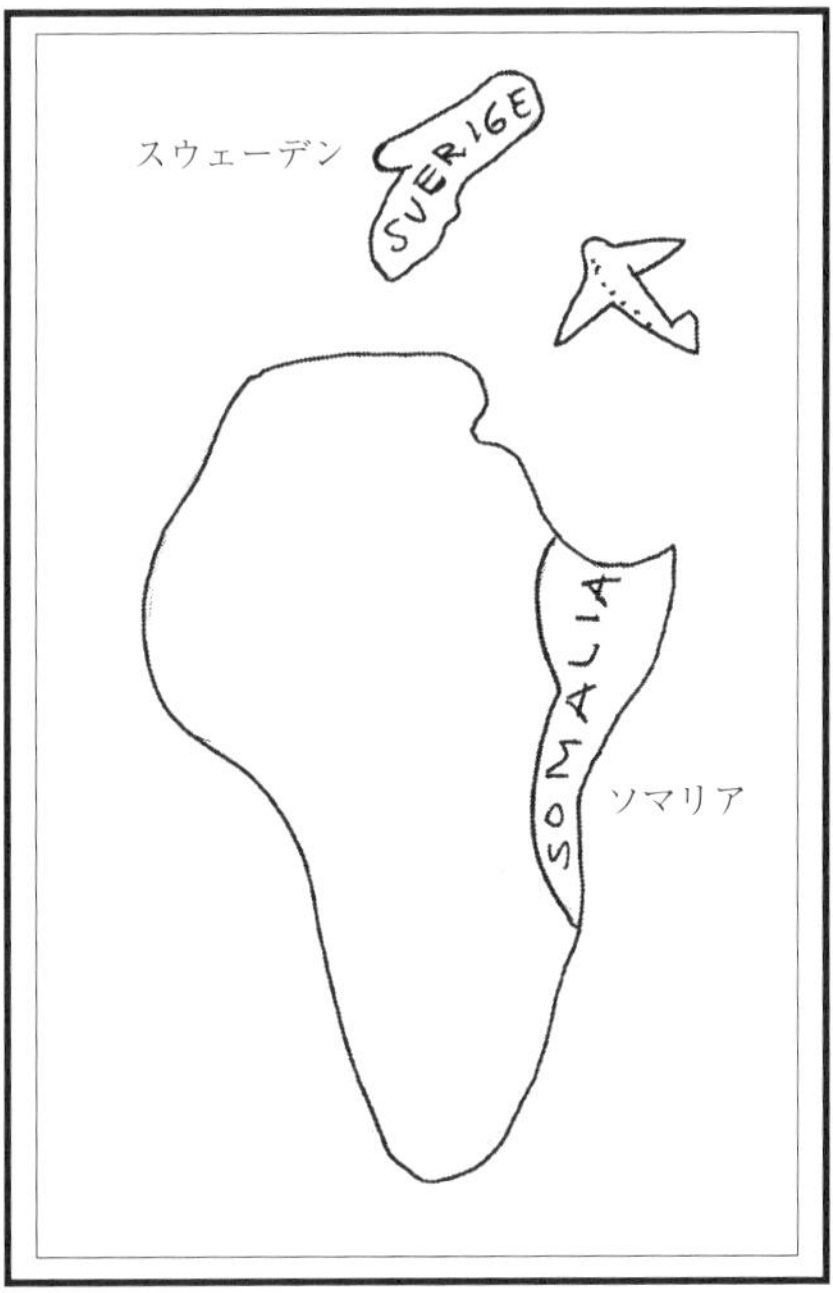

イスマイル　一八歳

父ムセ（三八歳）をなくしたのは一〇歳の時だった

悲しい瞬間

人生で最悪で最も悲しかった瞬間は、父がソマリアの市民戦争で殺されたと聞いた時だ。

ぼくはソマリアのブラオという街で生まれた。

今はモビラ高校自然科学コースの最終学年で勉強をしている。ストックホルムの郊外で、母と継父、そして兄弟といっしょに住んで六年ほどになる。高校を卒業したら、一年間は働いて友達といっしょにアパートに住み、サッカーをしたいと思っている。もしそれがうまくいかなければ、学生寮に住んで経済学を勉強して、父のように起業家になりたい。

両親はぼくが小さいときに離婚し、ぼくは母といっしょに住んでいた。でも母が再婚をした時に、父の家に移った。父も再婚していた。一九九〇年の初め、母はスウェーデンに移住し、ぼくは父と親類といっしょにソマリアに残った。

父は会社を経営していた。それが父の職業だった。米とバナナを売る小さな会社をぼくたちはもっていた。父はあまり家にいなかったけれど、家族にはいつも時間をかけてくれた。父は紳士だった。頭はいいし、やさしくて、感じがよくて、信頼がおけて、野心もあった。父はみんなを愛し、嫌いという人がいなかった。父のように感じがいい人には母方の祖父母以外に、ぼくは今まで会ったことがない。

ぼくは祖父母によく会いに行き、かなり長い間彼らの家に泊まっていた。理由は祖父母がぼくにもほかの人にもとてもやさしかったからだ。ときどきぼくは祖父母が恋しくて、スウェーデンにいてくれたらなあと思う。それから父方の祖父と叔母たちにも会いに行った。祖母はパパが小さいころに死んだので、ぼくは会ったことがない。

ソマリアでの生活

ソマリアでのぼくの生活はかなり満足したものだった。ぼくたちは幸せな家族だった。学校には行かなかったけれど、学校に似たようなコーラン学校に通った。学校といえばいろいろな科目を習うけれど、コーラン学校ではイスラム教の聖書のようなコーランだけを勉強する。

父は家族を大切にし、ぼくたちを養ってくれた。そしていつも家族のために最善をつくした。気さくな人で、ぼくにものの善悪を常に教えてくれた。ぼくと父の関係はよかったといえるし、ぼくと家族全員との関係もうまくいっていた。

一九九五年、父はぼくらが住んでいたブラオでも始まった内戦で死んだ。

母がそのことを知って、ぼくと弟をスウェーデンに呼び寄せた。

ぼくがスウェーデンに来た時
ぼくと弟は一九九七年の終わりにスウェーデンに来た。ぼくにとってすべてが新しかった。まるでそれは別世界に来たかのようだった。ものすごくたくさんの白人を見た。ぼくはこれまでそんなにたくさんの人を見たことがなかった。
母と継父がアーランダ空港に迎えに来てくれていた。母の夫、ぼくの継父だが、とても親切でやさしい。

今……

今は勉強をしていて、ほとんど毎日学校から帰るとサッカーをする。ぼくはサッカーに夢中で、サッカーを愛している。休みの時は猛烈にプレーするし、トレーニングにも参加する。サッカーをしない時や宿題もないときには友達といっしょに、外に遊びに行く。

住む目的のためにはソマリアに戻って、また住みたいとは決して思わない。でも休暇だったら訪ねたい。スウェーデンにずっと住んでいたい。ソマリアは信じることができない。危険にあふれていて、戦争が今の今、起きるかもしれない、だからぼくは戻りたくないのだ。

父をなくしてからずいぶんと月日がたって、父のことを考えても泣くこともなくなった。もう少し小さいころはよく泣いたものだ。父のことを考えると、父が教えてくれたことを思い出す、たとえば魚釣りのことなどだ。

時には彼が死んだのはぼくのせいだと思うことがある。父があの戦争に行くことをぼくは止めなかった。でもぼくたちだれもがそのうちに死ぬ。このすばらしい世界は永遠には続かない。そう考えると、ぼくのせいではなかったのだということを納得する。

ぼくは父の思い出となるような写真を一枚ももっていない。写真はぼくたちの国の文化にはない。でもソマリアではスウェーデンと同じように人が死んだら埋葬をする。ソマリアでは、毎日のようにぼくは父のお墓を訪ねていた。

楽しかった瞬間

これまでで一番うれしかった瞬間は何年も会わなかった母を見た時だ。母は美しいほほえみを浮かべて、アーランダ空港でぼくたちを待っていてくれた。

イスマイル

16●●●

≫鏡を見て、わたしの目の中に父のまなざしがあるかどうかをじっとじっと見つめる≪

サーガ　18歳

Saga

サーガ　一八歳
父ハーンス（五二歳）をなくしたのは一〇歳の時だった

その前夜。母とわたしは通りの角に立っていた。わたしたちの後ろではショーウインドーの光が灯り、街灯がぴかぴか光っているだけで、静かな夜だった。粉雪が軽く地面に舞い落ちていた。わたしはうれしくて、期待にあふれていた。足は疲れていた。みんなで山に行って、いとこたちといっしょにスラロームスキーをすることになっていた。スキー道具をレンタルするために外出していた。

準備はすべて整って、買い物も荷造りもすんでいた。母が父と携帯電話で話をしていた。父はもう少しだけ仕事をしてから家に帰るということだった。わたしたちはいつもこうなのだ。荷造りをして、買い物をして、もう少し荷物を増やして、そしていつも決めた出発の日より一日か二日遅れるのだった。そうあるべきで、いつもそうしてきた。

父が働く役所の建物を見上げた。父の部屋はビルのいちばん上で、大きな窓がある。電気がついているのはその部屋だけだった。黒いシルエットが腕を上げ、手を振っていた。父だ。ほんの少しだけ残業をするためにあの上の部屋にいる。わたしと母は通りの角に立っている。ある意味で父はずいぶん遠いところにいた——ちいさな黒い影だけ——でも、ある意味では父は近くにいた。声が携帯から聞こえた。

父親が死ぬということは世界のすべてがくずれてしまうこと。すべてが暗く、もとには戻れない暗さ。

人生がひとつの大きな暗い穴、悪夢となる。夜、寝返りをうちながら「もう決して、決して、決して……」ということばをわたしは繰り返した。もう父には決して、決して、決して会うことができない。

最初は軽く考えていた。こんなことはわたしには起こるはずがない。本や新聞に出てくる人だけに起きることで、わたしには起こらない。父はただ失神しただけ、心配することはないと。

それから、ゆっくりと、恐れがそろそろと忍び寄ってきた。何かが違う。全然違う。自分に正直にそれを実感していた。母の声から、ほかの人の態度でもそれは感じた。重い空気が流れていた。電話が家中にけたたましく鳴りひびいた。

横になって、暗闇の中でじっと見つめる長い夜が来た。寝返りをうつ。現実の中に引きいれられたあの暗い穴をわたしはじっと見つめる。取り返すことができない事実をわたしは味わう。父は死んだ。死んだ、死んだ、死んだ。

世界がおかしくなった。むきだしで、冷たく、ゆがめられ、ゆらゆらして現実のようではない。どの顔にも不安と恐れが見える。人に会うのもおっくう、話すのもおっくう、そこにいるのさえおっくうだ。

わたしたちは病院にいた。何もかもが真っ白だ。人々は親切で、手紙やチューリップを贈ってくれた。でも何もかもおしまい。すべてがぶちこわされた。もう決して、決して、決して、もとにはもどらない。決して、決して。

お葬式の前に父を見ることになった。お医者さんがそのほうがいいというし、母もそうしたほうがいいといった。そうすれば父が本当に死んだことをわたしが納得できるからだ。わたしたちは暗くて冷たい部屋に入った。怖かった。それに人がまわりにいて、とまどってしまった。

まん中に担架が置かれ、白い布がかけられ、頭だけが見えた。そこにひとりの男性が横たわっていた。彼は青白く、冷たかった。ひたいには傷があり、血がかたまってかさぶたができていた。わたしは立ってその人を見た。それは父ではなかった。知らない人、空っぽの殻、人形だった。どこにも父だという面影が残っていなかった。いとこがわたしのために父の髪の毛をひと房切ってくれた。父の髪だけれど、父ではない。本当の父は事故の後、わたしは車の中に置いてきてしまった。父は二度と帰ってこない。

父はもういない。わたしは自分に言い聞かせた。何度も何度も。まるでわたし全体がばらばらになってしまったかのようだった。わたしは胎児のように縮こまり、内側から蝕まれ、噛み砕かれていくのをお腹の中で感じた。父とわたしは仲よしだった。父がいなくなったということはつまり、わたしの一部が切り取られてしまったということだ。

わたしの悲しみは完全に自分本位のものだ。父がわたしといっしょにいてほしい。わたしのすべての世界が父の存在でなりたっている。これまでいつもそうだったし、これからも常にそうあるべきなのだ。

ずっと以前のこと

わたしたちは黄色のタイルで覆われた地下道にいた。母とわたしはそこで父と会うことになっていた。お互いに長い間、少なくとも一週間は会っていなかった。わたしたちが一方の入り口から入ってゆくと、反対側に父の姿が見えた。父が恋しいという気持ちがあまりにも強くて、お腹をひっぱられ痛くなるほどだった。わたしは父のほうへトンネルを走っていって、父の腕にとびついた。ガシャッという音がして、父の厚い茶色のメガネがはずれて、コンクリートの上でばらばらに壊れてしまった。破片は少なくとも二〇個、いや一〇〇個はあったかもしれない。でも父は笑っただけだった。わたしを抱きしめ、また笑った。

母も笑った。それからは父が運転をするたびに見て笑うのだった。なぜなら父とわたしはメガネのかけらを全部拾い集めた。父はうちに帰ると茶色のテープでメガネのかけらを貼りあわせた。それからは運転用のメガネとして使った。メガネは前と同じようにかけられるようになったけれど、ふきだしたくなるような父だった。

お腹が引っ張られる感じはその時と同じ。何かがわたしを引っ張っていて、走っていって父のふところに抱きつく。でもそれはもうできない。父はそこにはいない。わたしを待ち受けてくれることはもうない。

今考えると、父自身が自分の死を悲しむということはなかったと思う。父はおだやかな人で、対立するものは何もなかった。だから父の死については、死神だって父のあのやさしい声で言い分を聞いたならば、君は正しいよと認めたはずだ。だからいちばん気の毒なのはわたし。わたしと母。残されたわたしたちなのだ。

大切なことは父をしっかりつかんでおくこと。父がすり抜け、どんどんとわたしから離れていってしまうことを感じた時はいちばん辛かった。わたしは車から降りた時に、カールした黒い髪の本当の父を車に置いてきてしまった。雪と割れたガラスをけちらして、わたしは父を置いてきてしまったのだ。

今はわたしの中に残っている父をしっかりつかまえておかなければならない。それは瞼の中に浮かぶ父のイメージ、抱きしめる感じ、声だ。わたしは目をかたく閉じ、父のすべてがイメージできるようにする、父がいつもいつもわたしといっしょにいてくれるようにするために。わたしは父に手紙を出す。父と話をし、父に訊ね、父にしつこくいう——わたしたちのつながりが切れてしまわないように、父が消えてしまわないように。

わたしは私自身の儀式を行った。鏡を見るたびに目を見て、父のまなざしがあるかどうかをじっとじっと見つめ、最後には父が見える。そうすると父がわたしの中にいることを感じる。

車に乗っている時に、わたしは雲を見る、木々の梢を見あげる。集中すれば、そこに父がいることを感じる。父は自然の一部として存在している、そして今もまだわたしといっしょにいる。

父を抱きしめたことを知っている。父の目を見つめたことも知っている。わたしの中に彼の遺伝子があることも知っている。だから父がだきしめてくれた感触が、わたしの中に残っているはずだ。瞼の中に父の像があるはずだ。わたしの中に彼が生きているはずだ。

母とわたしは父の衣類を集めた。父が走り書きした紙、使っていた枕カバー、留守番電話の声、それらをすべて黒い袋に入れた。父をわたしの中に残しておけるように、これらのすべてが大切だった。

最初それらの品物は大切だった。でもしばらくすると必要がないと思うようになった。もうわたしは恐れていない。父は残っている。わたしにとって父はたくさんのことを意味した。だから彼が消えたり、存在が薄れたりすることはないのだ。声は忘れるかもしれない。

においも忘れるかもしれない。でもそれはかまわない。いっしょにしたすべてのこと、話したことすべてがわたしの中に残っている。いつでもわたしは父の窓を見上げ、シルエットに手をふることができる。父はいつもわたしといっしょにいる。でももう彼の胸の中にとびこむことはできない。

サーガ

17●••

≫母は最後のころには、
ぼくが必要としたすべてのものを
与えてくれました。
あなたはしらふで死んだ！
母をぼくは誇りに思う≪

グスタフ　19歳

グスタフ　一九歳
母シャスティン（五六歳）をなくしたのは一八歳の時だった

それが病気だとわかる前は、おふくろは酒を飲むとぼくに意地悪をするだけだと思っていた。アルコール依存症が家族の病気であり、親父―名前も知らなければ、どこに住んでいるのかも知らないし、会ったこともない―もアル中だと思う。ということはアル中になる資質はぼくの遺伝子の中に潜んでおり、ぼくもかなり危ない。でもぼくはまったく飲まないという道を選んだ。酒なんておいしくないし、自分がコントロールできなくなったり、深酔いして二日酔いするなど真っ平だ。

ぼくのおふくろはなんどもためらったのちに、―神の御めぐみによって―助けを求めることにした。とても優秀なアルコール依存症セラピストから、病気の症状について書かれたパンフレットをおふくろはもらった。それによると、アル中患者のいる家庭では飼い犬までが影響されるとあった。ＯＫ、ここに書いてあるとおり酒をやめる以外にないとやっと悟ったのだ。

おふくろは生徒たちにもとても人気のある教師で、いい教育者だった。そして学校にはいつもどうにか通っていた。

　職場の勧めで、おふくろは治療ホームで一か月の治療を受けることになった。そのあとぼくも家族のためのコースに一週間参加した。それはすばらしい体験で、話しあいもできたし、ぼくはそこでたくさんのことを学んだ。ぼくは嘘をつくことでおふくろを助けようと試みた。「ううん、ママは酒を飲まないよ」「くそっ、やんなちゃうなあ。ママの面倒をみるなんて」「ママを助けるなんていやだよ」。

　ぼくの役目としておふくろの世話はしていたことだけれど、それはほかの人をも支えようという気持ちにもさせた。おふくろはアルコホリック・アノニマス（断酒会、ＡＡ）にも通うようになった。ぼくは十代の家族のための自助グループに参加した。今は成人になって、大人のためのグループに通っている。


　おふくろは酒を絶ってとても変わった。人生がなんであるかを掴み始めた。そのころぼくは一六歳で、家から出ていて、友達や里親の家に居候をしていた。でもおふくろが酒をやめて自分でも努力していると聞き、おふくろに会い、その何週間か後には家に戻った。

　これまで家の中はいつもめちゃめちゃだった。でも今は突如として掃除がしてあり、テーブルの上には皿に盛った果物や菓子があった。ぼくのために朝食まで作ってくれた。おいしそうな匂いがして、クラシック音楽がかかっていた。おふくろは個人的な思いを日記に書いたり、オレンジジュースを作ったりした。何という違いだろう、まったく考えられないことだった。

もちろんおふくろが前にしらふでいた時のことも覚えているけれど、この時初めてお互いをとてもよく理解しあうことができた。ぼくたちは自分たちのよそよそしいふるまいも変えて、仲間として付きあえることはすっごくすてきなことだった。前にぼくが泊まっていたところは近くに住む友達のペールの家だった。ほかの友達の親たちもぼくの家のことを心配して、彼らの家によく泊まらせてくれた。今度はおふくろがぼくの友達を歓迎し、友達がぼくの家に泊まって行くのだった。

おふくろが死んだことで頭にくるのは、おふくろとぼくの人生がとてもうまくいき始めたところだったからだ。

ぼくたちは休暇で小さいころから行きつけている島に行った。夕食を食べ終わると、おふくろがお腹が痛いといいだした。「でもぼくは友達のところに行かなきゃならないんだ」。ぼくが帰ってくると、おふくろは吐いてうめいていた。くそっと思った。どうしたんだろう？おふくろが今までぐずぐず言うのは聞いたことがなかった。「くそっ、ママ具合はどう？」

「いやんなっちゃう、すごく痛いのよ」ただただ吐き続けた。

群島の島で、くそっ、どうしたらいいというんだ？　ここに救急車を呼ぶ？　おふくろは朝六時まで待ちたいといった。その時間になると、ぼくは店に走って行った。ちょうどそこで働いている親父さんをつかまえることができた。「ママの具合がものすごく悪くて」。

彼はピックアップトラックにぼくたちを乗せてくれて、フェリーでニィネスハムンの街まで連れて行ってくれた。何とちっぽけな病院なんだ！　最新式の器械がひとつもない。医者はおふくろは腸捻転だと思うといった。ぼくはただ……くそっ、ＯＫ、ＯＫ……病院ではお腹に聴診器をあてたり、押したりして、おふくろをストックホルムの病院に救急車で送ることに決めた。くそっ、何が起こったというんだ？　ぼくは神に力と勇気を与えてくれるように祈った。

「神よ、変えることができなくてもそれを受け入れられる心の安らぎをください。変える勇気もください。できることとできないことの違いを理解する知恵もお与えください」

転院した大病院では腸捻転だと診断した。しかしおふくろは二晩しか入院させてもらえなかった。患者がたくさんいて、もっとベッドが必要な人がいるのかもしれない。病院というところは気持ちが悪い。病気が壁いっぱいにくっついていて、ぼくはどこにもさわりたくなかった。それにぼくらに病院が示した態度にはがっかりさせられた。

家に帰ってきてもおふくろは吐き続けた。叔母と叔父がストックホルムに出てきて、ぼくたちはおふくろをもう少し静かで小さい病院にいれた。そこにはかなり長く入院していて、レントゲンもとった。ぼくの学校からその病院が見えて、ぼくもできるだけ見舞うようにした。おふくろも待っていた。でもなかなか大変だった。おふくろったら感傷的になってしまって、まるで子どものようだった。ぼくは頭にきたけれど、がんをどっさり抱えた人間を責めるわけにはいかなかった。

ぼくは恐かったんだと思う。おふくろが腸を六メートルも手術でとられてしまったんだから！　手術は無駄というものだった、どこもかしこもがんだらけだった。「もう生きられないわ」「くそっ、なんて残念なことなんだ、ママ」おふくろは悲しがって、目に涙を浮かべた。「ママを愛しているよ」「わたしも愛しているわ」とおふくろはいった。医者が来て、もっとくわしくこれからのことを説明してくれた。化学療法、疲労、髪が抜けること。くそっ！

おふくろはあと半年しか生きられない。

おふくろが死んだら、ぼくはどうなるのだろう？

ぼくたちは小さな家族だ。ぼく、兄そしておふくろ。兄貴は一五歳年上で、いつもぼくの親父のような存在だ。「ぼくがお前の面倒を見るよ」と病院のまわりを散歩しながら、いろいろなことを話した時に彼はいった。

おふくろは少し気分がよくなった。九月にロンドンに行っても大丈夫だろうと医者がいった。八月にはおふくろは家に帰ってきていて、ぼくが世話をした。街に行ったときにはあちこちでコーヒーを飲んだりして、休み休み歩いた。でもとても楽しかった。

二〇〇二年九月三〇日、ぼくは一八歳になった。その何日か前にぼくたちはロンドンを訪れていた。前にも行ったことがあるけれど、その時は大失敗だった。おふくろはしらふでなかった。今またその旅行のやり直しをした。ピカデリーサーカスのすぐそばのリージェント・ホテルに泊まった。めちゃ楽しかった。部屋もすごくよかった。少したつとだれかがドアをノックした。兄貴が少し遅い飛行機で着いたのだ。最高。ぼくは超うれしかった。だってぼくは兄貴が大好きなんだもの。兄貴はすばらしい。

ロンドンはでっかい都市だ。ぼくらは中華街でレバノン料理を夜遅く食べた。ぼくたちはこれまでにないすてきな気分で、しゃべりながらぶらぶらと歩いた。お互いを思いやる時が来て、ぼくらはそれを始めていた。

兄貴は以前のおふくろに対してすごく怒っていた。でも今は許して、二人はいっしょに話し続けていた。「もうこれ以上は歩けないわ」とおふくろはときどきいった。するとぼくは兄貴といっしょにロンドンで男の子の遊びをした。ピカデリーサーカス近くのアミューズメントアーケードに入った。射撃やフットボールやフリーフォールやライトダイオードがあちこちにあった。

誕生日のプレゼントには何でも選んでいいといわれ、ぼくらはアルパートンまで行った。そこはロンドンの郊外で、ほとんどインド人だけが住んでいるところで、線香だの祭壇だのを売っている店がたくさんあった。ぼくは兄からプレゼントに、ぼくのクリシュナ〔ヒンドゥー教神話の神〕が住むための小さな神棚をもらった。ぼくらはゴヴィンダス〔ハリクリシュナのレストラン〕で食事をした。二階はとてもすてきなお寺風の部屋になっていた。ぼくも兄貴もいっしょに楽器をもって歌った。

クリシュナは、おふくろに影響されてぼくも信じるようになった。おふくろは酒を飲まなくなってから、助けが得られる万能の力を探していた。おふくろは無神論者で、ぼくと同じでキリスト教は苦手だった。ある人はクリシュナ、ある人は神、ある人はエホヴァ、アラー……おふくろはただ「わたしの万能の力」といった。ぼくといっしょにバガヴァッド・ギーター〔サンスクリット語で書かれた大叙事詩の中の名編。クリシュナとアルジュナの対話で神の歌ともいう〕を読み、ぼくらは神と精霊について話しあった。おふくろといると気分が和らぎ、生命について話すことは、めちゃくちゃに楽しかった。おふくろは死ぬことを恐れていなかった。OK、死に対して免疫が得られるタイプの人間になるのは難しい、でもおふくろは「いやだわ、そんなことは話したくない」とは決していわなかった。

ロンドンから帰ってくると、おふくろは前のようには気分はよくならなくて、病院に付属するラジウムホームに入院してしまった。そこはがん患者のためのホームで、廃止になる予定になっていた。ぼくがアパートにひとりで住むのを兄貴が反対したので、彼のところにぼくは移った。

ラジウムホームではとても大変だった。兄貴はそこに泊まりこんで、おふくろとよく話していた。ぼくもできるだけ通うようにした。おふくろは徐々に呼吸困難になっていった。よく眠っていた。めちゃくちゃに痩せてしまった。ぼくが気がついた時、くそっ、もう終わりなんだ、ぼくはことのほか一生懸命に瞑想しようとした、ぼく自身の万能の力を借りて。ぼくの哲学は心で、体ではない。おふくろの体は壊れてしまった、でもぼくはバガヴァッド・ギーターの第二章を信じる。そこには心について書いてある。

おふくろが死んだからといっても、終わりではないとぼくは思った。おふくろの心は体を変えただけだ。おふくろがかわいそうで、「ママは心だということを忘れないでね。ぼくと兄貴はうまくやっていくから、心配しないでいいよ」と何度もぼくは繰り返した。しかしぼくはものすごく心が重く、気が滅入り、悲しかった。

兄貴のところへ帰って寝た。もしおふくろの具合が悪くなれば、電話をしてくれることになっていた。おふくろが死んでしまった夢を見た。電話がかかってきたけれど、間にあわなかったのだ。緊張のしっぱなしだった。

ある夜、ほんとうに電話がかかってきた。兄貴がぼくを起こした。ぼくたちはタクシーを呼んだ。おふくろは目を覚まし、兄貴が座っているいすのほうを見た。呼吸がほとんど聞こえなかった。最期が来たと思った、くそっと思った。でも一呼吸あった。そして白い唾液が少し出た。看護師が「お母さんは体から今離れられましたよ」といった。

自由になれたことはおふくろにとっては救いだった。でも体だけが残っているということは、これまでとは何という大きな違いなのだろう。……

ぼくは悲しかった。だれがぼくらの面倒をみてくれるのだろう。誰かが来てこれから何をやったらいいかを指図してくれればいいのにと思った。ぼくたちはどこかに食事に行くことにした。

ゴヴィンダス〔ストックホルムにあるゴウィンダスには併設してハリクリシュナの礼拝場がある〕に行った。お寺に入る時には敬意を示すのが普通だ。そこでぼくはひれ伏して、おふくろが自由になれたことへの感謝をした。それにおふくろの臨終に立ち会えたことにも。みんながそうできることではないのだから。……くそっ、すごく気が重くて、理解しがたい。

当惑。くそっ、なんてこった。当惑していたが、泣かなかった。変にとても落ち着いて、疲れていた。ぼく、兄貴、叔母といろいろ話しあった。昼食をしてから、葬儀屋に行った。葬儀屋の人たちはとても親切だった。

おふくろの遺灰は海に撒かれるべきだとぼくは思った。海を愛していたから。棺、墓石？共同墓地での墓や骨つぼについて葬儀屋が聞いた。「兄さんの担当だ、決めてよ」と兄貴にぼくはいった。でも墓もいいかもしれないぞとその時思った。兄貴は墓と決め、墓石をいっしょに選んだ。墓石には「シャスティン」という名前と二羽の小鳥をつけて。いやもしかして小鳥は新聞の死亡広告に載せたのかもしれない？　おふくろの墓石に何が書いてあるのかを思い出せないのは神聖さを汚すことなのだろうか。本人は「それがどうだというの？　あなたは最善をつくしたじゃないの」というだろう。

ぼくが洗礼のコースで出会った牧師さんがいる。ぼくはコースは受けても洗礼はしなかった。でも彼女はわが家のことをずっと知っている。それで、もちろんその牧師さんに連絡をした。

葬式になった。めちゃたくさんの花束。たくさんの人。おふくろはちょうど一年生を受け持ったばかりだった。子どもたちとその親たちがたくさん来たのにはすごくびっくりした。涙が一粒流れた。それは男らしくないということではなかった。人々がまわりに気にすることなく泣くのを見るのは美しかった。悲しみを見せることは強いことだ。

ぼくはおふくろのためにスピーチをした。「ご出席いただいたすべての方に感謝します。母は最後のころには、ぼくが必要としたすべてのものを与えてくれました。あなたはしらふで死んだ！　あなたをとても誇りに思います……」ぼくはまるでクリシュナが母にもう一度のチャンスを与えてくれたかのように感じた。「しらふを選んだならば、物事が正しく運ばれます。その時間の余裕は十分ありますよ。そしてそのあとには家に帰ることができるのです」

おふくろは酒を断つことによって、ぼくをとりもどした。ぼくがおふくろを愛せるようにもなった。以前、ぼくはおふくろを愛することができなかった。

前に旅行した時には大失敗に終わった場所にもふたたび訪れることができた。デンマーク、ロンドン、トルコ。そこに着くとおふくろはいった。「ここでわたしがお酒を飲んで、ばかなことを言ったりしたりしたことを話してちょうだい」。ぼくらはあちこちに行って、いやな思い出をいい思い出に変えたのだった。おふくろの人生には超たくさんのことが起きた。おふくろは息子たちを取り戻し、孫をも見ることができたし、家族とふたたび一緒になって、まったく新しい人生を得ることができた。

万能の力に助けを請うと、何かが起きてくる。「ちょっとちょっと、万能の力さん、あなたがだれだか知りませんし、本当に存在するのかどうかも知りませんが、今あなたの力を借りたいんです」。ぼくはクリシュナを信じることで本当にご利益を得るのだ。

兄貴とぼくは、ぼくの宗教のことで口論をする。彼は狂気の沙汰だと思っているし、ぼくがその中に入りこみ、消えてしまうのではないかと恐れている。自分の考えを投げつける壁としておふくろがいてくれたことはとてもよかった。今は兄貴と彼の家族が大きな支えとなってくれている。

おふくろが死んでからも超いいことが起きている。

兄貴が社会福祉所に電話をしてくれて、ぼくにコンタクトパーソン〔その人にかわって対外的な交渉などをしてくれる人〕がついた。そのコンタクトパーソンとぼくはよく似ている。彼女は若く、三〇歳ぐらい、彼女のボーイフレンドもそれぐらい。ぼくら三人は超シンクロしている。考えてもごらんよ、ガムラスタン〔ストックホルムの旧市街、魅力的な市街区で、ここに住宅を見つけるのは難しい〕にアパートを探そうとしているんだから。彼らがそれを助けてくれている。そして悲しくなったり、会いたくなればいつでも彼らは会ってくれる。おふくろのアパートを片付けるのも手伝ってくれたし、ぼくは彼らにすごく感謝している。「たいへんだと思ったら、来なさいよ」とたくさんの人がいってくれるけれど、彼らには助けを求めにくい。

ぼくは社会福祉員のところへだけは行った。年をとっていてやせた女性で、すごくすごく賢い人だった。おふくろが死ぬまで毎週彼女に会いに行った。でもやめてしまった。ただそうしたかったから。

今は波の上を浮き沈みしている。「くそっ、どうしたらいいかな、ママ。ぼくまた変な女の子と付きあい始めちゃったんだ、どうしたらいい？」。おふくろは賢明さを超たくさん備えていた人だ。「あの子はあなたにとってよくないわ」といっただろう。そしてぼくはいう。「そんなこといったって、どうしてママはうまくいかないということがわかるの？」。それともこういう。「ママ、驚くべきことがぼくに起きたんだよ。すごくかっこいい、ママが好きだと思う子に会ったよ……」「あわてなさんな、ものごとはひとつずつ片付けていくものよ」とおふくろは答えたかもしれない。もしくは「自分にそんなに厳しくしなさんな」。ぼくがだらだらしていると、後ろを押してくれた。

ぼくは最初、食べ物屋とかどこかのキッチンで働きたいと思った。八年生の時に食堂で実習をした。「ソーセージを一五〇個分切ってくれ、卵二〇〇個割ってくれ、床の排水溝をきれいにしてくれ」。ストレス、ストレス。

次の実習の場所は保育園だった。長く爪を伸ばした若い女の子たちが働いていて、子どもたちの面倒を超よくみているのだった。ぼくは友達の家にその時泊まっていて、里親を探していた。保育園で働いていた一人の女性が、真剣な顔をしてぼくの面倒をみるといった。

今ぼく自身が保育士だ。これまでうまくいっている。何の失敗もしていない、ぼくは失読症だけれど、成績表は「普通」と「優秀」だ。ぼくのために学校は特別に教科書を読むプログラムを用意してくれた。

時折ぼくはママの墓に行く。彼女が今どこにいるということを知っているから、というのではなく、すべてがあの壊れた体よりいいと思うからだ。自分がどう感じるのかということがとても大切なことだということがわかった。だから現実には目をつぶらないで、悲しみに相対していこう。ゆったりとしたペースで、押し付けるのではなくて。

時には悲しみを感じることを忘れてしまうことがある。

グスタフ

18●••

≫死ぬにしろ、生きるにしろ、生きていくなら よく考えて、思慮深くなろう≪

ヨハンナ　13歳

ヨハンナ　一三歳
母スサン（四三歳）をなくしたのは九歳の時だった

わたしの家族が完璧だった、ということはたぶんなかったのではないだろうか。でもだれが家族は完璧であるべきだというのだろう？　もしかするとだれでもが完全な家族を夢見るのかもしれないし、わたしも夢を見ていると思う。

わたしの両親はわたしの育て方のことで喧嘩がたえなかった。ほかの子がするようにわたしが叫べは、パパはだめといい、ママはいいといった。両親はいつも意見が合わなかった。

わたしのママ、スサンは肩まで長いこげ茶色の髪、目は青みどりをしていて、体格がよかったが、きれいな人だった。すごく頭のいい女性でもあった。時間があれば絵を描いていた。彼女の絵はすばらしかった。花の絵が多かったけれど、わたしや友達や他のモチーフでも絵を描いていた。

ママは鉄道のプロジェクトの仕事をしていた。給料も高く、仕事もよくできた。学校でもそれ以外の場所でも「あなたは利口だわ、一番になれる」といつも人にほめられた。

一六歳ごろには家を出て独立した。ママの子ども時代については残念ながらわたしはあまり知らない。ママはフィンランドで生まれたけれど、かなり若い時にスウェーデンに移ってきた。ママはパパとはパーティで出会い愛しあうようになり、いっしょに住むようになってわたしが生まれた。

　ママは友達がたくさんいて、ママも彼らにとっていい友達だった。でもママはほかの人のことを考えるより、自分のことをもっと考える必要があった。それにママは完璧な母親であり、妻でもありたかった。女性はいつもみんなの面倒をみようとする。でもそれはわたしは間違いだと思う。

　ママは太っていた、それであまり外に出たがらなかった。今ママが生きていれば、わたしが体重のことで助けてあげられたのに、とても残念なことだ。


　わたしとママは特別に何をいっしょにしようということはあまりなかった。そう、ママはすごく仕事に一生懸命だった。それは家族全員にとって問題だったたし、めいわくなことだった。

　でも朝はパパ、ヤンネは早く出かけたけれど、ママとわたしは仕事と学校にでかける前に、いっしょに『スヴィンゲルの森』とか『がんこおじいちゃん』とかディズニーとかアストリッド・リンドグレーンのお話のテープを聞いた。それから家を出て、ママはバスに乗るために停留所まで、わたしはそこから学校のほうへ歩いて行った。学校が終わるとわたしはひとりで家に帰るか、パパが迎えにきてくれた。ママは夜の六時、時には九時まで働いた。休みはとくに何をするということはしなかった、ときどき絵を描くとか、ほとんどは友達といっしょにいた。夏はエーランド島に行くこともあったし、以前に近所に住んでいた人の田舎の家に行ったり、叔父さん夫婦の別荘にも行った。

二〇〇〇年三月二七日、月曜日

この年はとても大変な年だった。わたしのかわいいウサギが死んでしまった。ママはあまりに働きすぎて、それが身体に出てきて、家族も犠牲をこうむった。ママは燃えつき症候群になった。病気になって仕事を休み、ほとんど家にいた。眠れなくなって、時にはとても落ちこんだ。

この月曜日にはママはヴェリングビィーに行って、用事をすませてくるといっていた。学校ではフロアボールの試合があった。わたしは三年生で、九歳になったばかりだった。

朝は普通だった。でもパパはその朝は遅かった。わたしは学校に行くので、ママとパパをだきしめて出かけた。まさかその朝がママに会える最後の日になるとは思わなかった。……

学校はいつもと変わらなかった。わたしたちのチームが試合でコートに出る直前に叔母が体育館に入ってきた。叔母はわたしの人生でとても大切な人、いつもそうだったし、これからもずっと大切だ。

とにかく叔母が入ってきて、どこかに行くといった。わたしは叔母の車に乗ってついて行った。どこに行くかは知らなかった。どこに行くのと聞くと、パパのところへ行くといった。叔母が突然訪ねてきて迎えにきてくれるなんて、思ってもみないことでとてもうれしかったことを覚えている。「今日はこれまでで一番いい日になるわ」とわたしは叔母にいった……。それが正反対のことになるなんて、とうてい考えられることではなかった……。

わたしたちはやっと目的地に着いた。どこかは知らなかったけれど、叔母について行った。まず受付に行った。叔母と受付の人が話していたが、わたしは聞いていなかった。そこに立ってここで何をするのだろうかと考えていた。何も思いあたらなかった。

彼らが話し終えると、わたしたちは歩き始めた。ひとつの部屋の前まで来ると、そこでパパがいすに座っていた。病院のベッドが置いてあった。それを見て少しわかってきた。きっと父方のおばあちゃんが病気になって死んだんだわ、と思った。おばあちゃんはすごく年をとっているし、前にも死にそうになった。

わたしたちがパパのところへ行くと、パパが話し始めた。わたしはあんまり聞いていなかったけれど、家が燃えてしまったといった……。そのあとは自分でも想像がついた。

「ママは死んだの?」、涙を浮かべながらわたしは聞いた。答えは心臓にナイフを突き刺されたようで、心の中に真っ黒な穴ができた。涙があふれ出て目が見えないほどだった。涙が出ないようになるまで時間がかかった。それでもやっと涙はとまった。涙は拭きとることはできるけれど、胸が痛かった。……ショックだった。

四年前のその日の午後には、これ以上生きていけるとは思わなかった。

しかしわたしたちは、これからどうするかを考えなければならなかった……。

「どこに住むの？」、わたしたちの焼けた家の向かいに住む隣人に、わたしは勇気を出して電話をした。彼らの田舎の家をわたしたちはいつも借りていたのだった。パパが事情を説明した。わたしはそこにパパと一緒に住まわせてもらえるのかどうかを聞いた。答はイエスだった。そのことばがなんともつらかった……。

最初の夜はとてもたいへんだった。そのことを友人たちに話したり……。

どうして火事になったのだろうか？　何週間かのうちに、わたしは少しずつわかり始めた。それはまるでパズルのようだった。ひとつのことだけを除いてやっとパズルはとけた。ママが残した手紙を読ませてもらった。でももう一度読むことはしない。自殺だった。それをママはのぞんだのだ。なにかの事故で死ぬよりはよかった。ママ自身が選んだのだから。

一か月たってわたしは学校に戻った。先生からも友達からもたくさんプレゼントをもらった。消防署の人からももらった。消防服を着た猿をわたしはまだ持っている。プレゼントはほとんどがぬいぐるみでかわいい犬や熊だった。わたしのぬいぐるみはみんな火事で焼けてしまった。プレゼントの中には手作りのものもあった。一日じゅう時間をかけてわたしのために作ってくれたのだけれど、少し大げさすぎるのではないかと思った。

初めのころはものすごくたいへんだった。ひとりの人をなくし、もう決して会えないのだとわかるまで時間がかかった。とくにそれがママであればなおのこと。「ママ」ということばがもういえないなんて落ち込むことだし、悲しいことだ。

「ママがいなくてよく生きていけるわね。わたしは絶対だめだわ」といわれるのには嫌気がさす。答えはわかりきっている。ほかに選択の余地がないということだ。生き続けなければならない。でもある男の子のことばにとても感謝している。彼は六年生のほかのクラスの子で、学校のロッカーでは隣どうし。ロッカーで会った時、「君はママのことをすべて切り抜けてこられてすごく強いね」、わたしたちはお互いに知らない間柄なのに、そういった。

死ぬにしろ、生きるにしろ、生きると決めたら、もっとよく考えて思慮深くなろう。それにしても子どもであることが必要なのに、子どもでいられないということは辛いことだ。

人生は決してよくならないとある日は感じ、違う日は雨上がりのあとの太陽のように輝くように感じる。

新しい住まいを探すことも大切だった。古いところにじっとしてうじうじしているよりも、新しいところに引越すことが肝心だった。長い間、わたしたちは探した。でもこのアパートを見た時、わたしはすぐにいった。「パパ、ここに住みたいわ。ここで新しい生活を始めましょうよ」

わたしは臨床心理士のところへも児童青少年精神科クリニックにもセーブ・ザ・チルドレンの〝悲しみのグループ〟にも通った。わたしはこのグループにいちばん支えられた。臨床心理士は座って、「今はどういう気分？」と聞くだけだ。すごく怖く感じることがあっても、決してあきらめてはいけないのだ。わたしはママと同じようになったらどうしようと思うと、ものすごく怖い。「わたしはいったいどうしてしまったんだろう」なんて二〇歳になって考えるようなことはしたくない。自分の殻に自分を閉じこめるようなことは絶対したくない。どんなに代償をはらっても、どうしてもよくしなければならない。

セーブ・ザ・チルドレンではおやつを食べたり、人に自分の話を聞いてもらったり、みんなとおしゃべりをしたり、自分の絵を描いたり、恐れを表現したり、体の中の疼きを見つけたり、自分の思いを地図に描いたりする。そこにいっしょにいる他の子どもたちはお互いにどのように悲しみを感じるかを知っている。泣くことも笑うこともできる。

何をいったらいいのかわからない時だけ、大人が助けてくれる。でもわたしがそこに入会できるようになるまでには二年もかかった。入れるようになった時には、もう遅すぎると思ったけれど行ってみた。ところが最近そのグループが廃止になると聞いた。お金がないということだ。ひどい。世の中は残酷だと感じている。

まわりの人たちの助けがなければ、わたしはやっていけない。わたしは彼らに心からお礼をいいたい。パパ、両親双方の叔母夫婦。わたしのいとこたち、彼らは小さいけれど、たくさんの喜びを与えてくれた。母方の祖母、女の子の友達、彼女も父親のことでわたしと同じ状況だ。残念ながら彼女の場合、起きたことを話すのが、わたしのようにはできなくて大変な思いをしている。わたしは彼女を助けたいと思っている。彼女のママはわたしのもうひとりのママになってくれている。

それからわたしの家族の友人たち。ドイツにいるわたしのうそっこおじいちゃん夫婦。おじいちゃんはわたしの母方のおばあちゃんの前夫だった。おじいちゃんはすごくやさしくて、わたしのことを今でも考えてくれていて、とても大きな支えになっている。わたしがよく夏を過ごす田舎の隣人のひとりはわたしにとって特別な人で、大人の親友といえる。彼女はかっこよくて理解があって、わたしのもうひとりのママでもある。

それにわたしにはサポートファミリーがついている。パパにいったことがある。もしわたしたちが喧嘩になったら、わたしをその家の養子にしてほしいと。パパは「それはできないよ。ヨハンナ。そのときには問題を解決するようにしよう」とだけいった。わたしたちは市にもう一軒サポートファミリーをつけてもらうように申し込んだ。三週間に一度、その家を訪ねることになった。彼らは今わたしの友人になっている。ユーシュホルム地区の大きな立派な家に彼らは住んでいる。大きな家はわたしにとっても気分がいいことだ。

わたしはアメリカで女優になりたい。とはいっても成功できるとは思わないけれど。作家でもいいかな。なぜならわたしは文章を書くのが得意だからだ。ことばをあやつることができるというのは神様の贈り物ともいえる。それとも何か動物と関係する仕事でもいい。でも、まずはきちんと教育を受けるつもりだ。

ママが死んでから四年になるが、悲しみは消えない。心を貫いたナイフの傷は決して癒えることはないだろう。辛い時を切り抜けるためには正しい道を見つけなければならない。わたしはまだそれを見つけていない。まだ小道だけれど、正しい方向には歩んでいる。

ここ何年かの間に、わたしが学んだことのひとつはその日その日を、最後の日と考えて、大切に生きること、そして希望を決して失わないことだ。

ヨハンナ

19●••

≫悲しみのために泣いている人を
見ても恐れてはいけない。
君に対して怒るのではない。
愛する人が恋しいだけなのだ≪

マッティン　19歳

マッティン　一九歳
母アネリ（四四歳）をなくしたのは一四歳の時だった

ちょうど引越しをしたところだった。荷物を何もかも箱に詰め、何もないがらんとした部屋だけを残して、ぼくたち家族は古い家をあとにした。見知らぬ人でいっぱいの新しい街で、父が新しい仕事をみつけたのだった。そこで、ぼくはまた何もかもはじめからやり直さなければならなかった。ぼくたち家族はそれまで何度か引越しを繰りかえしてきた。でも今回だけはぼくは引越しがいやでしょうがなかった。そんな時に高学年が始まった。

　母に怒鳴ったことを思い出す。「また新しいところへ引越しするなんていやだ。引越しは間違っている」と。母はぼくをなぐさめてくれた。「大丈夫、すべてうまくいくわよ」と約束して、ぼくを強くだきしめた。そして、ぼくに児童臨床心理士のところへ通うことを勧めた。気がすすまなかったけれど、何度か通った。そこで泣いたあとは気分がよくなった。

　母は仕事を代えるために、また勉強を始めた。公衆衛生医学に関する試験を受けるといっていた。前は青少年クリニックで働いていて、その前は助産師として働いていた。出題の範囲には統計学も含まれている。母もぼくも数学は苦手だった。二人にとって方程式には魅力がなく、数字は何の意味ももたなかった。数字の世界はまるでお粥の中に飛び込むようなものので、つかみどころがなかった。

母は病気になってもベッドの上で勉強を続けた。そのうちに元気になるだろうと、あきらめることを拒み希望をまだもっていた。

母は胃がんに冒されていた。まれな悪性のがんだった。なぜもっと早くわからなかったのだろうかと、あとになってぼくは思った。何だかおかしいと母は気づいていたにちがいない。でも母は頑固すぎて、自分が病気であるということを認めたくなかったのではないだろうか。自分ががんになるなんてありえないとたぶん思ったのだろう。もうすぐ治る、間もなくすべてがうまくいくと思ったのかもしれない。でもそうはならなかった。病気はだんだんと母の体の内側から蝕み始めた。最後にはやせ細って骨と皮だけになってしまった。母は青白い影だけになってしまった。

母はとても髪の毛が多くて、いつもきれいに手入れをしていた。でも化学療法を始めると髪が薄くなり、全部切ってしまった。母はかつらを作ってもらった。ぼくら子どもたちは「ぜんぜんおかしくないよ、前と同じようにきれいだよ」といった。でもママが泣いていたのを覚えている。

母が病気の間、ぼくは希望を失わなかった。たぶん、母がこの世に存在しないことなど、ぼくにはとうてい考えられないことだったのだろう。何が起こるのかということにはぼくは無知だった。手術はもう手遅れだといわれた時でさえ、ぼくはあきらめなかった。

「つまりお母さんは死んでしまうということ?」と学校のカウンセラーは聞き、ぼくの目を見ながら、机の上で両手を握りしめた。

「そう……たぶんそうなると思う」とぼくは答えた。

カウンセラーのこのことばを、ぼくは今も憎んでいる。彼女はぼくの希望を奪ってしまった。悲しんでいる人に対しては、こういう絶望的なことはいうべきではない。

母が元気になることをぼくは神に祈った。それ以来、ぼくは神に祈ったことはない。


もう余命いくばくもないということを知らされた時、母はごめんなさいと謝った。母はぼくを抱きしめながら泣いていた。ぼくは首を横にふった。だれも責められる人はいない。でもぼくは一応自分を責めようとしてみた。ただぼくはその責任を背負いこむには幼すぎて無理だった。そのことがたぶん、余計に怒りと悲しみをもたらしたのだろう。だれも責めることはできないのだ。世の中は不公平だ。母が死んだという事実はぼくにとっていちばん厳しい教訓になっている。でもぼくは神の存在は信じないけれど、世の中の公正さについていえば希望をもっている。

ぼくの父は医者だ。父は自分が母を家で看護できるように手配した。母も家族も病院から遠ざかっていたかった。病院は彼女のいる場所ではないと思っていた。母の病気が重くなるにつれて、父はドアのベルに紙をはさんだり、ぼくたちは歯を磨く時でさえ、口を閉じたままゆすいだりした。ママに邪魔にならないようにすべてのことに気を配った。ママの病気がぼくたちの生活を支配していることにぼくがすごくいらだったことを覚えている。でもその怒りは間もなく消えた。ママの命は終わりに近い。ぼくの人生は続く。母の安らぎを否定する理由はどこにもなかった。

自分で何もできなくなったママを助けるために、看護師が家に通って来た。母はそれをすごくいやがったと思う。ぼくが生まれた時、母は歩くことができなかったので、元気になるまで看護師の助けを借りたそうだ。その時のことを何度か話してくれたが、とてもいやだったといっていた。

ぼくの母、アネリは一九九九年四月二七日に死んだ。四四歳だった。

近親者だけが母のベッドのまわりに集まった。母はあえいでいた。足のところになにか暖かいものをかけてくれるように頼んだ。まず体の末端から血液が消えていった、それはまるで寒い冬に手袋をしていない時のようだった。喉からごろごろというか弱い音がし、背中が弓状になり沈んだかと思うと、母はもういなかった。母は死んだ、ぼくはわずか一四歳だった。

記憶がここで失せてしまって、すべてが拭いさられている。わずかの記憶しか残っていない。おぼろげな画像が浮かんだり消えたりする。ぼくは一週間の間、眠りにつくまで泣いていた。

母はぼくたち三人の子どもそれぞれについて日誌をつけてくれていた。死んでしまった母からの最後の贈り物だった。母の声の思い出として母自身のことばで書かれた日記があることは、ほっとする。

学校ではだれも何もいわず、だまっていた。母がまだ病気だった時にはクラスで花を贈ってくれたが、それからは沈黙したままだ。その沈黙はぼくに違和感と疎外感を感じさせた。だれかが母についてとりとめのない質問をした時に、ぼくは黙ってしまったが、そのあとぼくは母が死んだことを話した。するとほとんどの人が「あっ、ごめんなさい」といっただけだった。この同情のことばは、彼らとのつながりを失わせた。ぼくは怒った。どうして彼らが謝らなければならないのか？　彼らのせいではないのに。あっ、ごめんなさい！　そういわれたあとは、もうことばが続かない。まるで彼らに背を向けられたようだった。

全世界が一瞬立ちどまって深呼吸をしてくれて、ぼくが時間に追いつけるようにしてくれたらと願った。でもそうはならなかった。少したってから、ほくはだれかに話を聞いてもらいたい、話を聞きたいと思う人に話してみたいと思うようになった。それも家族ではないだれか別の人に。自分でそういう人を探そうとしたけれど、だれもいなかった。その後、だれかがぼくを探し出して質問を始めた時には、話したいと思っていた気持ちが消え失せてしまい、ただその人にそばにいてほしかった。

今になって初めて、物事を、ひとつの枠組みをもつものとして見ることができるようになった。母の死について話ができるようになるまで一年もかかった。そしてそのことについてだれかと話しあい、悲しみについて相手の考えを分かちあえるようになるまでにはもっと時間がかかった。でもぼくは心からいいたい。悲しみのために泣いている人を見ても恐れてはいけない。ぼくたちが怒っているのは尋ねた君に対してではない。失ってしまった愛する人が恋しいから怒るのだ。

母が死んでから時折、母を街で見かける。母と同じような髪型をし、洋服を着ている。ぼくは叫びたくなる。彼女を引き留め、抱きしめたい。絶対離さない。でもいつもそれは人違いで、ぼくの叫びは喉につまってしまう。

ぼくの夢は母でいっぱいだ。夜中に母がぼくのところに来て、「大丈夫、今度もまたうまくいくわよ」といつものように約束する。いつもそういった通りになる……目覚めて、目を開けるまでは。そんな朝は起き上がる理由は何もない。

大人になってからのぼくは母を知ることができなかった。ぼくとぼくの兄弟はそれを奪われてしまった。だからぼくが母と似ているのか、ぼくと母は同じようなふるまいをするのか、知ることができない。ただ他の人が母のことを話すのを聞くだけだ。母が話してくれるはずだったことを他の人に話してもらおう。

ぼくが成長する間、母はいつもそこにいた。例外なくそこにいてくれた。ぼくは母に守られ安心し、安定していた。その後は何もかもが逆になってしまった。ぼくたちは安心感を一応取りもどしたものの、それは以前に存在した安心感のイミテーションでしかない。強いものでもなく、前と同じようなものでもない。

母の死によって、父を知ることができた。これまで父はある種の理想像でしかなかった。何でもできて、強い人、でもぼくは父がだれなのかよくわからなかった。父も一人の人間だということがわかった時、ぼくの父親の世界像の最後の部分が壊れた。父だって間違いをする、泣いたりもする。母の死後、少したってから、父は女友達をつくった。父が母以外の女性といっしょに座っているのを見ると、ぼくの体は今でもひるんでしまう。でも父には必要なことなのだと思う。父だって幸せであるべきなのだ。一人で生きていくなんてひどいことだ。父は今、ぼくのいちばんいい友達だ。

「もし」ということを考えるのはもうやめた。今ぼくはまったく新しい人間に生まれかわった。ぼくは確信する。もし母が生きていたら、自分がどんな人間なのかわかることはなかったたろう。たぶん今ぼくが感じている年齢よりもっと〝幼かった〟かもしれない。
母が死んでぼくは二年ほど人生を失った。子どもっぽくしていられる場所は、もうぼくにはなかった。ほかのことを考えなければならなかった。ご飯はどう作るのかとか、洗濯機はどう動かすのかとかも考えなければならなかった。ぼくたちは急に家族の一員を失った。みんなが協力してやらなければならず、ぼくには十代の反抗期はなかった。恐らくそんなものは必要なかったのだろう。ぼくはそこに残されたものにただただすがりついていた。

死について考えるとぼくは泣きたくなる。恐れが心の中にまで忍び込む。道理に叶うことではないかもしれないが、もしぼくに子どもができたら絶対に親をなくさせるようなことはしない。だれも経験すべきことではない。だれでもがだ。でも人間はすべてをコントロールできるわけではないし、人生では何が起こるかはわからない。ママが死んだ後、ものを書いていた時期がある。なぜなら文字が構成する世界は、なんでも自分でコントロールできる。だれが生きるのか、だれが死ぬのかは自分で決められるからだ。
目をつぶると、今でもぼくの耳になぐさめの囁きが聞こえてくる。ぼくの頬に母の暖かい手を感じると、暗闇が消える、必ず。大丈夫、すべてはうまくいくとぼくは考える。そうでなければならない。ぼくは相変わらず、希望をもっている。

マッティン

20●••

≫今、パパは自分のつばさで飛べる。つばさは仔猫の毛のようにやわらかい≪

リーナ　11歳

リーナ　一一歳
父イエンサ（四八歳）をなくしたのは一〇歳の時だった

Lina

それはあまりにも突然にやってきた。

わたしは少なくとも三時間は待っていた、でもパパは帰ってこなかった。胸がどきどきして、鼓動が早くなった。まるで何かが起きたことを知っているかのように、わかっているみたいに。それは夏至の時だった。妹とわたしは外の石段のところに座っていた。その時わたしは墜落の音を聞いたような気がした。それを知らされた時、冗談じゃないかと思ったけれど、そうではないことがわかった。

警察の人がやって来て、本当に突然のことですがといった。パパは死んでしまった。わたしはパパを生き返らせてくださいと頼んだ。でもそれはできないことだよと警官にいわれてしまった。

そのあと、パパを見ることができた。パパはただ眠っていて、今にも目を覚ましそうだった。でも目を覚まさなかった。わたしは心の大きな部分が欠けてしまったように感じた。わたしの中で穴が開き、それを埋めることができなかった。パパがいなければ、もう水の上の妖精の踊りも見ることができない。

わたしたちは朝よく桟橋に座って、霧のかかったあの白い妖精の姿を見た。パパはコーヒーカップを手にもち、わたしたちは今日は何をしようかなどということまでいろいろなことを話しあった。

何もかもがなくなってしまった。楽しいことがぜんぶなくなってしまった。パパをとてもとても愛していた。パパが若いころはどんなふうだったのかとか、パパにたくさん聞きたいこともあった。戸棚の中にパパの日記をみつけて読んだところだ。わたしはパパのために詩を書いた、それをぜひ読んでほしい。きっとパパはわたしの詩を気に入ってくれると思う。わたしは自分が世界でいちばん孤独な人間だと感じてしまうことがある。でもママと妹がいてくれるからなぐさめられる。

パパが消えてしまって、空は暗く静かになってしまった。パパが生きていれば、天気のいい日にはパパはいつも空の上で自分の飛行機に乗っていた。パパが飛んでいる時には鳥はさえずり、マルハナバチはぶんぶんと飛び、まるで彼らはパパが飛んでいるのを見て知っているようだった。

わたしはよくパパといっしょに飛行機に乗った。最初のうちは気持ちが悪くなったけれど、慣れてしまった。山のほうに飛んだ時は大きな岩のそばの水の上に降りた。岩の上に立って魚釣りをした。マスを釣り、家にもって帰って焼いて食べたけれど、すごくおいしかった。

雲の中を飛行機で飛ぶのはおもしろい。ある時、わたしたちの飛行機の下にもう一機の飛行機が見えた。すると突然その飛行機が並んで飛んでいた。パパの友達だった。彼らは無線で話しはじめ、お互い雲の中に飛び込んだり隠れたりしておもしろかった。パパの飛行機は売られてしまった。その飛行機を買った人はもとどおりに直すそうだ。わたしは大きくなったら、飛行機の操縦を習いたいと思っている。

事故がどうして起きたのかわたしは知らない。その前の日、パパはすべてのナットをしっかりと締め上げ、事故が起こらないように準備していた。パパはとても優秀なパイロットだった。救命具はつけていなかった。これまでもつけたことがなかった。その日は着陸して燃料を入れる前に、燃料を使い切りたかっただけだ。そしてわたしたちが座って待っていた時に、湖のずっと向こうで墜落した音をわたしは聞いたと思う。

今パパは飛行機なしで飛べる、なぜなら自分の翼をもっているから。その翼はまるで生まれたばかりの子猫の毛のように、絹のようにやわらかい。

わたしの世界は前と同じではなくなってしまった。もう生きていたくない、消えてしまいたいと思った。でもわたしはこのむずかしい時を切り抜けることができた。

パパとの楽しかった思い出を今は思い出すことができる。わたしたちはよくゲームをした。妹とわたしにモノポリーを教えてくれたばかりで、最後の日に別荘でそのゲームをしたのだった。もちろんパパが勝ちっぱなしだった。わたしたちは破産ばかりしていた。

今でもまだわたしは重い石を引きずっている感じだ。パパが沈黙してしまう前に、パパは何を考えていたのだろうかと思う。パパはわたしたちのことを考えていたのではないかしら。

リーナ

21●••

≫ぼくがいちばんほっとするのは誰かといっしょに座って話をすることだ≪

ヴィルヘルム　18歳

ヴィルヘルム　一八歳

父ヨンテ（五七歳）をなくしたのは一四歳の時だった

Wilhelm

ぼくの父、ヨンテは二〇〇〇年一〇月二九日、三年ほど闘病した後に逝った。あれから四年、今ここで記憶をふたたび思い起こして書きまとめるのはいいことだ。

ぼく自身！

ぼくは一八歳、運転免許をとろうとしている。残念ながらうまくいっていない。筆記試験で六五点中五一点、合格には最低五二点なければだめだ。でももう一度やり直せばいいだけだ。スポーツ、テレビゲーム、ボート、そして乗用車など車がぼくの趣味だ。ぼくは前向きでポジティブ、すぐだれとでも友達になれる、それに何かし始めると、できるだけいい結果を出そうと一生懸命になるタイプだ。カフェやパブで友達と過ごすことが多く、一八歳になってナイトライフにかける情熱は加速した。牡牛座生まれでかなり頑固、運転免許が取れた晩には車を買って、友達といっしょに車でヨーロッパをまわるつもりだ。

家族や友達を大切に思っている。親しい人に何か起こると同情して悲しくなってしまう。家族が元気でいる限り、ぼくも元気だ。

父が病気だった時

それは一九九七年の春だった。その時父のヨンテはロータリークラブにいて、昼食会の最中に左側の脳に卒中を起こした。すぐにサールグレンスカ病院に救急車で運ばれ、検査のあと、手術した。

父は病院で治療を受けたあと、脚や腕に力をつけるためにリハビリ科に移った。二、三か月たって、家に帰ることができ、体力をつけるために毎日訓練に通っていた。

この期間にぼくは父といっしょに過ごすことができた。二人にとってそれはすてきなことだった。父は元気なころ、何時に帰ると約束しても守れないで、ぼくは夜遅くまで父が帰ってくるのを待っていた。

一九九七年、ぼくは一二歳だった。父は世界でいちばん強い、何でもできる人だと思っていた。

二〇〇〇年の春から夏にかけて様子は一変してしまった。父は目の焦点が合わなくなったといって診てもらった。悪性の脳腫瘍ということがわかって、他に転移しないようにすぐに摘出することになった。手術のあと、ぼくは初めて父が泣くのを見た。その時、父は大丈夫だろうかとぼくはとても心配になった。

夏じゅう父は家で療養していたが、本人にも家族にとってもたいへんだった。父は週に二度、化学療法を受けていた。残り少ない命で父はかなり神経質になっていて、道路の振動、高い音、だれかが早口で話したりすることにも敏感になっていた。ちょっと邪魔されるだけで吐き気を催し、ぼくらを心配させた。

父が病気だった時のぼくの生活

父が病気になった時，ぼくはちょうど七年生になって、テニス、サッカー、ホッケーそしてバレーボールをやっていた。それらが全部できたというのも、両親が運転してどこにでも連れて行ってくれたおかげだ。週末には海岸にある父の別荘で、平日は市内の住まいで、夏は父方の祖父が九〇年代半ばに買った家で過ごした（その家は売却され、そのかわりにぼくは小さな夏の家をもらってとても満足している）。

これまで、ほとんど完璧だったぼくの人生も父が病気になったのと同時に崩壊してしまった。学校でがんと死についての映画を見て、父の病状がとても重いということがわかり始めた。ぼくの人生も下り坂になり始めた。若いのにあまりにも早く責任を負わなければならなくなって、二年ほど飛び越えて年をとったようだった。母とも子どもっぽい話はできなくなった。家のことについてとか、やらなければならないことすべてについて母とぼくは話しあった。

もちろんぼくは相変わらず母の子どもには違いないが、このごろでは同じ家に同居する仲間のような存在になっている。幸運にもぼくにはいい友達が何人かいる。ある女の友達は食事の支度から宿題まで助けてくれた。彼女とはクラスメートとして知っているだけだったが、ちょっと話をしたことで助けに来てくれたのだった。ぼくがいちばんほっとする時は誰かといっしょに座って話をすることだ。

父の病気が悪くなっていくのと同時にぼくの成績も落ちていった。クラスの最上位にいて落ちたというのではないけれど、八年生の半分の期間で成績が真ん中から最低まで落ちこんだ。父の病気は悪くなる一方で、しまいには具合はどうかと友達がぼくに聞きにくくなっていた。時には学校にも行く気分にならなくなって、ちっともおもしろくなかった。父が家で療養したほうがいいとぼくたちは思っていたし、在宅医療を十分に利用すればできると思っていた。でもたいへんすぎた。父にとっても我慢できなかったことがときどきあったし、ぼくたちも限界を感じていた。

九年生の時にとてもいい先生が担任になってくれて、ぼくは上向きになれた。しかし一〇月に父が死ぬと、ふたたび長い間落ちこんだ。

葬式がすみ、SASラディソンホテルでの夕食会もあった。たくさんの人が父の死を悼んでくれたおかげで、ぼくは勇気づけられた。でも複雑な気もする、というのもその後その人たちのほとんどに会うことがないからだ。ぼくの家によく訪れていた父の友人たちの家のそばを通ることがある。でも彼らはぼくに挨拶も交わしてくれない。

ぼくの人生はジェットコースターになってしまった。ある時には気分がいいが、次の瞬間すごく悲しかったり不安になったりして、指一本持ち上げられなくなってしまう。どんどん学校への関心が薄れ、そのうちほとんど行かなくなってしまった。でも担任の先生が母に聞いた。「ヴィルヘルムにプレッシャーをかけようと思うけれど、いいですか?」と。そして担任はぼくにいろいろ注文をつけはじめた。そのおかげで木工をのぞいて、全科目不合格なしに九年生を終えることができた。

父が死んでから、母とぼくと姉さん（母の娘で、ぼくより一一歳年上。ぼくが間違ったことをしても、いつもぼくをかばってくれる）とで、ぼくたちは休暇をとるためカナリヤ諸島に旅行した。ぼくにとって、これまでで最高の新年になった。スポーツ週間の休みには、また三人で中国を旅して、この時もとても楽しかった。

帰国してから、普通に生きていこうと決めた。すると友達はいつものようにふるまってくれた。でも時には悲しくなることもあった。とくに友達が父の日について話をしたりする時だ……。これはぼくにかなりこたえた。ぼくと同い年ぐらいの子たちが父親と話をしたり、抱きしめあったり、取っ組みあいしたりするのを見たりするとぐっとくる。ある友達の父親はぼくの父が死ぬ半年前に亡くなった。その友達とはかなり仲がよくて、ぼくらはよくいっしょに話をする。

高校での一年間はすごくうまくいった。ぼくの高校は制服を身につけるような職業〔たとえば警官とか運転手など〕を目指す生徒が学んでいて、生徒たちはみな外国人排斥、人種差別、いじめ、さぼり、麻薬、破壊行為、暴力について否定しなければならない。ぼくが学んでいる学科は社会学科で、その中のコースの中にはサバイバル、カヤック、フライフィッシングなどの科目もある。

でも一年生を終えたら、一年休学しようかと思っていた。高校の校長先生が、九年生の時の担任の先生がしてくれたように、ぼくに特別に指導をしてくれていた。ところが国連の任務でアフガニスタンに派遣されてしまったので、ぼくはとても寂しい気持ちになっていた。でも国語の先生がその特別指導を引き継いでくれたので助かった。ぼくには、だれかぼくを引っ張ってくれる大人の助けが必要で、そのような人を探し、ついてもらってきた。「夏休みが終わったら必ず学校に帰ってきます」と担任と体育の先生には夏休み前に約束した。二年生もほとんどの科目が合格だった、合格できたのは一八歳になるまでガールフレンドはつくらないという、ぼく自身が決めた方針のおかげだ。決まった関係に束縛されないでいることはすごく気持ちがいい。

父とぼく

父はいつもぼくといっしょにいる。ぼくは首に十字架をかけている。洗礼の後にもらった物で、それをかけていると父を思い出す。父はぼくを負傷事故から何度も守ってくれたと思う。それを証明する、ひとつはっきりした例がある。父が死んでたったの何時間かあとに、試合に出た。

父もぼくが試合に出るのを望んだことはわかっている。試合でぼくは背中をタックルされ、サイドボードに頭を突っこんだ。ところがけがひとつしなかった。父が病気だったころのよい思い出もある。父は死も間近というのに、ぼくたちのために一か月先までの、あるいは一年先までの計画を考えてくれた。病気がいちばんひどかった時にも、ぼくらが今住んでいる家を買うように計画を立ててくれた。家を買ったことと洗礼を受けたことは、父が死んでからの出来事の中でいちばんよかったことだ。

洗礼については牧師さんの奥さんがぼくと話をしていて、とても急がなければならないことに気がつき、堅信礼の合宿に加わることを勧めてくれた。合宿はとても温かい雰囲気でみんなお互いを思いやった。そんな雰囲気を今までぼくは経験したことがなかった。参加者も教区の人たちもみな最高に感じがよかった。牧師さんもすばらしい人だった。

父のことを思う時、父の心遣いを思い出す。それに父の社交性も恋しい。父は社交性に富み、すごくやさしくて、みんなに好かれ、みんなのことを思いやった。

ヴィルヘルム

22●••

≫父が首を吊った木を見たいと思った。わたしたちはその木に昇って父の名を彫った≪

トーヴェ　17歳

トーヴェ　一七歳
父ウルヤン（四三歳）をなくしたのは一二歳の時だった

Tove

わたしはボードゲームが大好きだ。わが家では他にだれもしない、けれどもその金曜日には父がスクラブル（語合わせゲーム）をしてくれた。わたしはうれしかった。ゲームができたし、わたしが勝つと、うまいねと父がほめてくれた。

そのあと夜にはテレビの連続ドラマ、『ワールズ・アパート』がお休みで、かわりにアイスホッケーの試合を父と弟のステーンといっしょに見た。その夜はわたしはあごが痛くてなかなか寝付けなかった。父が横になってわたしが寝付くまで頭をなでてくれて、明日は医者に電話してくれると約束した。

土曜日の朝、起きると台所に書き置きがあった。

「朝早く起きた
海に
ちょっと
行ってくる
ウルヤン」

母が家を掃除している間、わたしは自分の部屋の春の模様替えをした。お昼近くになって、父はどこに行ったのかしらと思ったが、母が落ち着いているので、それ以上は考えなかった。でもそれから三〇分ほどたったころ、警察から電話があって、うちの車はミツビシかと聞いた。母は心配し始めた。そして親しい友人たちに電話をすると、すぐ来てくれた。母方の祖母も祖父も来た。みんなが心配した。わたしと母は『一〇一匹わんちゃん』を、ステーンはホッケーを見ていた。母は他の人たちと庭のほうに移ったけれど、わたしは映画を見ていたので、家の中にいた。

母が間もなく入って来た。ステーンを呼び、ろうそくを灯し、ソファでわたしとステーンの間に座った。そして言った。「これから話すことは今まででいちばん難しいことよ。パパが死んでしまったの。これはパパ自身が選んだことなのよ」。わたしとステーンは最初黙っていた。本当だとは思えなかった。それから覚えていることは叫んだこと、泣くのではなくて叫んだのだった。わたしはただ気絶したかった、気持ちが悪くなって、早く時間がたってほしかった。わたしとステーンはどうしてこんなことになったのかと聞いた。父が自殺するなんて理解できなかったし、それはありえないことだった。

少したってからみんなに電話をし始めた。親戚、両親の友人、そしてわたしとステーンのいちばん親しい友人たちだった。

わたしたちは外に出て、庭に座った。ビタミンC入りのジュースをがぶ飲みした。祖父が出来あいのミートスープを買ってきて暖めたけれど、薄めるのをわすれてしまった。花束が到着し始め、人々が寄ってくれた。わたしたちのことを考えてくれる人がいることは気分が安らぐことだった。

夜になって叔父、父方の祖父、祖父の兄弟も来た。彼らが早く来てくれてほっとした。わたしたちが祖父たちに挨拶した時に、はじめて涙が出て、泣いてしまった。

午前中は教会で感謝祭の式があり、牧師さんはわたしの父が死んだことを参列した人たちに話した。友達の何人かも来てくれていてとてもうれしかった。両親の友人たちも来た。そのあとでみんなで家に寄ってコーヒーを飲んだ。

午後にはわたしの親友が来てくれた。わたしたちはとくに何もしなかったけれど、彼女がそこにいて、わたしのことを思っていてくれた。洗礼親はわたしが寝入るまで頭をなでてくれた。その夜はぐっすりと眠れた。

わたしたちは父が首を吊った木を見たいと思った。そこで、わたし、ステーン、母、親戚、そして親しい友達が一緒に車ででかけた。美しい場所だった。最初わたしたちは小川にそって、暗くてかなり気味の悪い森を歩いた。そのうち針葉樹ではなく落葉樹がある広々した場所に出た。

木々は間隔をおいて生えていた。その木はとても美しく、幹がふたつに分かれていて、お互いに巻きついていた。綱の跡が残っているのが気味悪かった。なぜこんなことになったのか、わたしたちには理解できなかった。わたしとステーンは木に登って、父の名前を木に彫り、根元にバラの花を置いた。それからあたりを少し歩いた。

こんなに美しい場所で父が死んだことがわかり、ほっとした。森の中で、それに一杯のコーヒーをもって。

次の日わたしたちは父と対面した。父の姿を見る前は怖かった。しわくちゃの、氷のように冷たい人間を見るのかと思ったからだ。わたしたちが霊安室に着くと、父はそこに横たわっていた。傷も首を吊った跡もついてなかった。いつもより青白く少し冷たかった、でもまるで寝ているようだった。わたしとステーンは父の瞼を閉じた。それからそこに立って少し泣きながら、父の手を握った。わたしたちがそこにいたのは五分くらいだと思ったけれど、時間はもっとたっていた。自分たちの目で父が本当に死んだことを、心に刻んで落ち着くことができた。

わたしとステーンは父の死から四日たってから学校にもどった。母は早すぎるといったけれど、いつもどおりの生活に戻らなければならないと思った。友達はほとんどいつもと変わりなかった。それはほっとすることだった。席は先生が決めた席ではなく、友達の隣に座ることができた。そしてお葬式まで教室に毎日ろうそくが灯された。

母の友達がお葬式のための洋服を買うのを手伝ってくれた。店に行くのはいやだったけれど、新しい洋服を買うのは楽しかった。わたしは白い花模様のドレスを用意した。

いつもわが家にだれかしら泊まってくれて、とても心強かった。だれかがいてくれるとわたしたちは安心できた。

お葬式の日、わたしたちは教会に行って、花屋さんに手伝ってもらって花で棺の装飾をした。とてもすてきにできあがった。海とわたしたちの島エーランドを象徴する貝、ブルーの花、葦、船、苔、石で風景をつくり、そしてたくさんのお花を飾った。

教会はお葬式に参列する人で満員だった。音楽が何曲も演奏され、すばらしかったけれど、わたしはいつ棺の前に進むのかと、とても緊張していた。わたしたちがそこに立った時はみんなが泣いた。ひとりひとりが前に進み、お花を棺に置いた。そしてほとんどの人がわたしたちに会釈をしたけれど、わたしはみんなに見られていると感じてしまった。

棺は外に運ばれ、大地に埋められた。でもその時のことは何も覚えていない。それからサンドイッチとケーキを食べ、何人かがスピーチをしたが、わたしたちは外に出て遊んでいた。お葬式が終わり、ほっとしたけれど、とてもたいへんだった。父が死んでから二週間しかたっていないのに、とてつもなく長い人生は残っている。

父についてわたしたちは夏も秋もずっと長い時間話をした。わたしたちは父が死んだ前と後の日々について日記を書いた。日記を書くことはずいぶんと助けになった。あとで読むとすべてのことをもう一度経験できること、そしてこの日記があることは今とても役に立っている。それらの日々はすべて灰色でぼんやりしているけれど、日記に助けられてわたしは何を考えたのか、感じたのか、見たのかをはっきりと思い出せた。わたしはもっとも父らしいことを取り上げて書いていた。たとえばかぎタバコをやめるために、ヨウジをかんでいたとか、穴のあいたパンツをはいていたとか、それに父がよく使っていたことばとか表現や毎日の思い出を書いた。父のことをとくにいろいろ思う時には、今でもその日記に書く。

次の文章は一九九九年五月六日に書いたものだ。

「書きたいことが思い浮かばない。何が起きたのかまだわかっていない。パパが恋しい、きっと帰ってくる。写真を見ていると、パパがわたしを見ている気がする。口にはヨウジをくわえている。灰色と白っぽいシャツに青のジャージのセーター、ブルーのジャケットを着ている。とてもさびしい。父が死んでから、何十年と残された日々のうちのたった二週間しかたっていないと考えると気分が悪くなる」。

時には父のことを考えることなく、何か月も過ぎることがある。父の親類に会ったり、日記を読んだり、祭事があったりすると父のことを考える。命日のことは重要ではない。去年はひとりの友達が教えてくれるまで、わたしは父の命日をほとんど忘れていた。でもほかの子が父親と何かやっているのを見ると悲しくなる。計画して何かをしたり、言い争いをしたり、夜「お休み」をいうだけでもいい、父がわたしといっしょにいてくれたらと思う。

知っている人がその後どうしているのとわたしに聞いたり、彼ら自身がどう感じたか、反応したかといったことを誰かに話すことは、わたしは少しも気にならない。でも知らない人と話していて、両親の話になった時、わたしが自分の父は死んだというと、多くの人が「ごめんなさい」という。たぶん彼らはわたしが泣きはじめるのではないかと恐れているのだと思う。

もちろん人によってそれぞれ違う。でもそのあと、父が死んでどうだったのとか、どうして死んだのとか質問を続けてくれたほうがいい。

心が安定していて、強くて、わたしたちを守ってくれる父をわたしは記憶している。父は物語をするのが上手だった、ほかの子どもたちにも人気があった、というのもいつもおもしろいゲームを見つけるからだった。父が本当はどんな人だったのかをたくさん知るにつれ、わたしの父親像は変わっていった。でもわたしとステーンの前では父は決して気がめいっていることを見せなかった。

あとになって父が、時にはかなりまいっていたことがわかった。でも父は具合が悪くても、わたしたちにそれを見せなかったことはいいことだった。他の大人たちは父についてもっとそれ以上のことを知っていたとしても、わたしには大きくて、強くて、幸せな父がいた。もし父が生きていれば、わたしたちはもう大人なのだから、話してほしかった、でも親について、すべてを知る必要はないことだと思う。父がうつ病で弱い人間として記憶するのではなく、わたしはわたしのパパ像をもっていることをうれしく思う。

二〇〇二年四月二四日にこう日記に書いている。

「三年が過ぎた！　わたしたちは秋、イェーテボリのオッレのところに引越しをする。わたしは九年生を終えるまで祖父母のところに残る。本当のところ楽しい気分だ、学校も楽しい。パパのことはもうそれほど考えない、ときどきしか、めったにしか……父がいなくてもわたしの人生は悪くない。もちろん父がいたらもっとよかっただろうなと過ぎた年をしめくくってみると、そういえる」。

母は父が死んでから一年半ほどたってオッレと出会い、その後三年して結婚をした。わたしはオッレが好きだ。彼はわたしの中に入りこもうとしないし、わたしの父親になろうとはしない。そこにいて、わたしが行きたい時に行けるボーナスパパだ。時には母が新しい男性に会ったことをつらく感じ、母が父だけの人であってほしいと思う。でも人がどう思おうが、子どもにとって起こりうる最悪の事態は起きてしまったのだ、それでも人生は続く。

トーヴェ

（トーヴェの弟ステーンの手記は五一ページ）

23●••

≫ママがこわがるので、パパが
死んでからは
クモを外につまみ出すのは
ぼくの仕事になった≪

サミー　12歳

サミー　一二歳
父ミッケ（三九歳）をなくしたのは七歳の時だった

Sammie

二〇〇〇年二月二一日月曜日、この日ぼくの人生は変わってしまった。まさかぼくに起こることはないと思っていたことが起きた。ぼくのパパ、ミッケが死んでしまった。心臓発作だった。パパの命が終わるのに、何秒間かしか、かからなかった。パパがいなくなってなんでも普通ではなくなった。なんにもおもしろくない。うれしいと感じることができるようになるまで何年もかかった。

パパが死んで、ぼくは今だってものすごく怒りがこみあげることがある。テーブルをこぶしでたたいたり、ベッドに身をなげだして泣くんだ。いちばんいやなのは、クリスマスに父方の祖父母の家で過ごすことだ。

その夜、警察官がぼくの家と父方の祖父母の家にやって来てパパが死んだことを知らせた。ぼくはその時寝ていたけれど、母方の祖父母、叔父や叔母がうちに来て泊まっていった。次の朝ママに起こされ、ママがぼくと弟に話したことはほとんど幽霊について話をされているようだった。その瞬間、なにもかもが消えてしまったと感じた。ママが話したことはあまりにも恐ろしくて、ぼくはほとんど息ができないほどだった。

最初ぼくはわけがわからなかった。ぼくの頭の中でなにもかもがぐるぐるとまわっているようだった。何分かたつと目の前が真っ暗になって、世界が消え去ってしまったように感じた。

ちょうどスポーツ週間〔毎年二月に全国の学校が一週間休みになる〕の最初の日だった。それからがたいへんだった。たくさんの人が電話をかけてきて、すごく悲しんでいた。うちにたくさん花が届けられた。


学校には通い始めたけれど、勉強がなかなか手につかなかった。ぼくはよく泣いてしまった。でも友達がなぐさめてくれた。ぼくのクラスには親をなくしたら、どう感じるかを知っている子がいないので、それが辛かった。でもおじいちゃんやおばあちゃんをなくしたという子は何人かいた。

ぼくの家ではだれかが泣きだすと全員が泣きだしてしまう。だからぼくは家にいるとほかのところにいるよりは安心できる。ひとりぼっちにならなくてすむし、いつもだれか話をする人がいる。

これまでパパはトラックで何千回と仕事にでかけていて、必ず帰ってきた。一週間仕事に出れば、一週間は家にいた。だから今度も、いつもより長いあいだ仕事に出ていて、もうすぐうちに帰ってくるんじゃないかと勘違いしてしまう。霊安室は怖かった。パパがそこで青白い顔をして冷たく横たわり、生命からはずっと遠いところにいることを感じるのは恐ろしかった。でも、もしお棺の中のパパを見ていなければ、ぼくたちはパパが死んだことを今でも信じることができなかったと思う。妹は小さすぎて何もわからないで、かわいそうだとぼくは思った。

お葬式はすごく静かで、まるでぼくの全人生が終わってしまったみたいだった。パパがいなくなって、何もかもが今までよりむずかしくなった。パパといっしょにやったことができなくなってしまったことは辛い。パパといっしょにいることがいちばん好きだった。だからぼくは少しひとりぼっちに感じている。パパはトラックを運転していた。ぼくもときどきいっしょに乗せてもらった。家族みんなで森に行って、木を切り倒し、割って、うちのボイラーの薪にした。ぼくとパパはいろいろなことを話した。パパの仕事、ぼくたち家族のこと、学校のことについて話をした。パパは大工仕事や木を彫ることやバイクに乗ること、それによい人間になることをぼくに教えてくれた。

ぼくたちは街に行っていろいろおもしろいことを見つけた。ピクニックの籠をもって、冬でも夏でも魚釣りを楽しんだ。音楽もいっしょに聞いた。パパはいい人で、やさしくて感じがよくて、日焼けしていて、髪は薄く、口ひげをはやしていた。

パパが死んでからは、パパがいつも家でやっていたことをぼくがするようになった。寝る前にはドアがちゃんと閉まっているかどうかを確かめる。家の中に入ってくるクモをとる。ママはこわがっていて、クモを外に出すのはいつもパパがやっていた。

お墓に行くと、いろいろな思い出がつぎつぎと思い出されて、パパにもう会えないと考えるととてもつまらない。でもパパはぼくの心の中にいつもいる。ぼくを見ていてくれることを望む。ぼくはパパがとてもとても恋しくて、そのことをことばに表すのはむずかしい……。

ママがパパの小さいころから亡くなるまでのアルバムをつくってくれた。文章もたくさん書いて、写真もたくさんのせた。パパが病気になって、トラックが道から外れてしまったことについての新聞記事も入っている。アルバムは居間の本棚に置いてあり、ぼくはアルバムを部屋にもってきて、ときどき見ている。

ママにも何か起きたらどうしようと心配になる。だからママが出かける時には、ぼくはママに電話をして、何も変わったことがないかどうかを聞く。もしママに何か起きたら、ぼくは生きている意味がなくなると、ときどき考える。

ママにはいま、新しいボーイフレンドがいる。うまくいかないこともあるけれど、まあ、いいことだ。

彼のことをボーナスパパとかプラスチックパパと呼ぶのはふさわしくないとぼくは思う。

友達がベニーのことをボーナスパパというとぼくは怒ってしまう。ベニーはベニーで、ぼくにとってパパはいつもミッケだからだ。

読んでくれてありがとう。

サミー

24●••

≫おばさんが二人入ってきて
自己紹介をしてからいった。
お母さんが亡くなられたのですよ≪

イェニファー　17歳

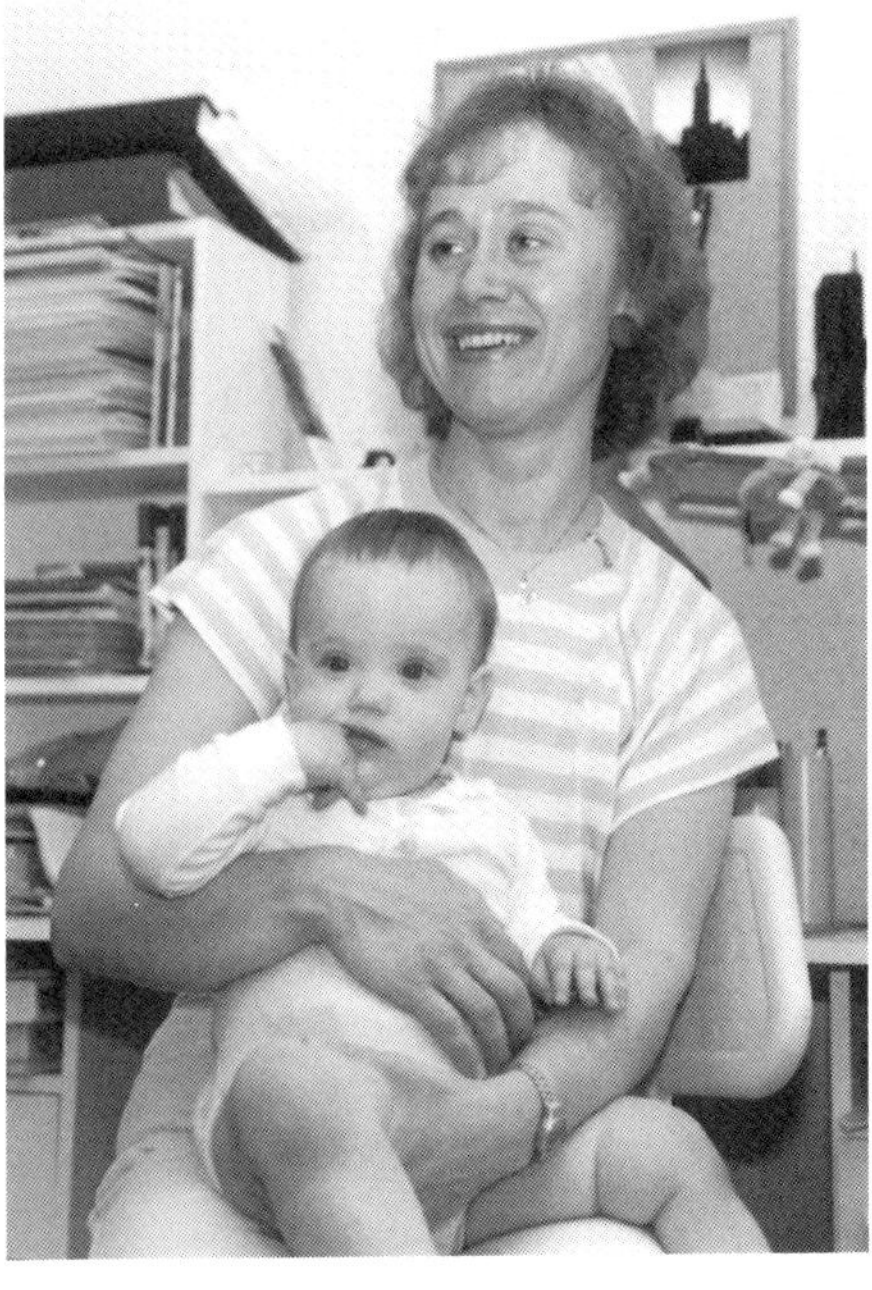

イェニファー　一七歳

母アニカ（四八歳）をなくしたのは一二歳の時だった

ほんの一瞬のうちにわたしの人生はかわってしまった。その人を失い、そしてその人にもう会えなくなるなんて考えたこともなかった。母を奪い去られたのは、わたしが一二歳の時だった。何ももとには戻らない。一人ぼっちで、恐ろしくて、見離されて、混乱して、どうしたらよいのか、どっちの道に進んだらいいのか、これから何が起ころうとしているのか、何ひとつわからない。そんなことをどう感じているかを書き表すなんてとうていできることではない。

一九九九年三月八日　月曜日

いつものように七時ごろ母に起こされた。いつものようにベッドで朝食、洗面台で歯を磨くために歯磨き粉をつける、これまでずっとやってきたことだ。

わたしが玄関にいくと母がたんすのところに立っていて、勤務先に今日は仕事に出られないと電話をしていた。父は台所に座って新聞を読んでいた。ぴりぴりして不快な雰囲気だった。父もきょうは家にいて、母と話しあいたいといっていた。

わたしはいつもより早く学校に出かけた。家にいるのがいやだった。母がドアのところまでついてきた。わたしは不機嫌だったので、母をにらんでしまった。いつも喧嘩ばかりしている母と父にわたしは怒っていた。行ってきます、行ってらしゃいとお互いに（最後に）いった。ドアを閉めながら、母はとても悲しそうな顔をした。

月曜日、その日は一日中お腹がへんな感じだった。まるで何かが起こることを感じているかのようだった。授業には集中できないし、今朝あわてて家を出たので、メガネを忘れてきてしまった。母と父はお互いにがまんできないで、喧嘩するだろうということはわかっていた。わたしは怒っていたので、学校に来てしまった。家にいたくなかった。でも本当は母のそばにいて、父から母を守りたかった。

昼休みに家に戻ろうかと考えた。でもメガネを取りに行かなければならないにもかかわらず、帰るべきでないという思いのほうが強かった。それにしても何かが噛みあっていないことだけはわたしは感じていた。

最後の授業が終わって、全員が図書館で本を借りることになっていた。わたしは家から本をもってきていたので、教室に残った。他の生徒たちはみな図書館に行った。最初のページが開かれたままの本を前に、教室の後のほうにわたしは座っていた。でも一行も読んでいなかった。何かが起こった、そのことだけは確かで、わたしは自分の思いにふけっていた。右側の窓越しに外を見た。外は風が吹いているようだった。雪がほとんど溶けてしまってぬかるみだった。本を読もうとした。お腹の中のしこりはあいかわらず残っていた。

二時四〇分になった。本を閉じた。ふたたび時計を見て、家に帰ろうかと思ったけれど、担任の先生を待ったほうがいいような気がした。

五分たって、先生が教室に戻ってきた。まるで走ってきたようにほっぺたを赤くさせ、息をきらせていた。彼女の表情はいつもとは違っていた。わたしの横にしゃがんで座り、女の人が二人、わたしと話をしたいといっていると伝えた。その人たちがすぐ来るから、教室で待っているようにといい、わたしのひざをたたいて出て行った。

お腹の塊はますます大きくなっていた。わたしはいすに座って体をねじった。その人たちが来るまでの時間が、恐ろしく長く思えた。二人のおばさんたちはまず自己紹介をした。わたしたちは小さな部屋に移った。ひとりがラジオをかけたほうがいいのではといった。なぜ？　とわたしは思った。先生がラジオをつけた。リッキィ・マーティンの演奏が聞こえた。それからおばさんたちは何が起きたかを説明した。

「お母さんが亡くなられたのですよ」と彼女たちはいった。

目の前が真っ暗になった。わたしの中で大きな波が頭を打ち、何かが破裂した。まるで風船に針を刺したように、パーン。刺してパーンとはじけるように。涙がふきこぼれた。体の中にはピンや針が刺さっているようだった。彼らが何が起きたかを話し出す前に、涙がこぼれていた。何が起こったかをわたしはすでに知っていた。

おばさんたちは話し続けていたが、わたしは聞いていなかった。まわりには何も存在しなかった。ただ涙があふれ、お腹の塊が大きくなるばかりだった。むずむずした物が体の中から溢れ出てくる感じだった。先生がわたしを抱きしめてくれた。

少し落ち着くと、何が起きたのかがわからなくなった。何も理解できなかった。今いわれたことが本当に起ったことなのかもわからなかった。

祖父母かだれか、わたしがこれから行ける家があるかどうかをおばさんたちは尋ねた。わたしは親友の家に行きたかった。まずはその人たちの事務所に行った。そこでわたしはひとりにされ、待たされた。小さな部屋でドアは開けられたままだった。ひとつ窓があり、肘掛け椅子が置いてあった。わたしはそのイスに座り、窓の外を見ていた。そして静かに泣いた。何を考えていたのかはわからない。

おばさんのうちの一人がやって来て、友達の両親と連絡がつかないので、郊外に住んでいる担任の先生の家に行くことになったといった。

その夜は大混乱だった。警察が来たり、臨床心理士も牧師さんもやって来た。いろんなことを聞かれ、質問ぜめだった。もう、だめ。頭の中ですべてがぐるぐるとまわっていた。自分が小さくて、みじめで、わびしくて、どうしてよいかわからなかった。

先生はわたしが寝つくまでそばに座っていてくれた。わたしは寝たふりをした。一人になってただ泣きたかった。ずっと夜も更けてやっと眠りについた。泣きながら。

前の日に連絡がつかなかった親友の家に行くことができ、兄さんたちとも電話で話をした。兄さんたちは長旅をしていて、インドにいるのだった。いちばん早い飛行機で帰ってくるといった。

混乱が何日か続いた。わたしはいちばん上の兄さんの2DKのアパートに、兄さんと次の兄さんといっしょに暮らした。

何日かたって、学校へ戻った。わたしは学校に行きたかった。友達が恋しかった。牧師さんがクラスの生徒たちに何が起きたのかを話しておいてくれた。それでわたしが学校へ戻った時にはそのことをみんな知っていた。その日、わたしのクラスとわたしが前の年にいっしょだったクラスの仲間全員が、教会で行われるわたしの母を偲ぶ会に出席してくれた。その時泣いてしまったことを覚えている。でも友達がついていてくれたので、とても助かった。

そのあとわたしたちは学校にもどった。先生が用意しておいてくれたおやつをみんなで食べた。ほとんどいつもと変わりなかった。生徒の多くが自分の席にもどって、何もいわなかったけれど、何人かがまるで何も起こらなかったかのように普通に話しかけてくれた。学校に戻ってきてよかった。

先生がわたしにプレゼントをくれた。水彩絵の具とスケッチブックだった。絵を描くことがわたしはいちばん好き。でも母のことを考えてしまった。絵はいつも母のために描いていた。だから今のところそのまま置いてある。

上の兄がわたしの後見人になった。父と話ができたのはかなりたってからのことだった。わたしは父がとても恋しかった。わたしは兄さんたちと父に会いに何度か刑務所を訪れた。そこは行きづらいところだった。父とはだんだん連絡がとだえがちになった。父も電話をかけてこなくなった。

兄さんたちはわたしたちのアパートに移ってきた。わたしは高学年〔七〜九年生〕に進級するのが怖くて神経質になっていた。高学年の生徒たちはわたしに何が起きたのか、だれも知らない。だれかに「あなたのお母さんは何という名前、どこで働いているの？」なんて聞かれたらどうしよう。


七年生のクラスはすごくよかった。クラスの生徒のほとんどが、どんなことがわたしに起きたのかを知っていて、そのことを納得してもらうのに、さほど時間はかからなかった。彼らは他の人に接するのと同じようにわたしにも接してくれたので、とても安心できた。それに親友もひとりできて、わたしたちはまるで姉妹のようになった。彼女とはなんでも話すことができた。彼女もわたしに話してくれた。彼女もまた、なかなかたいへんなことをくぐり抜けてきていた。彼女はわたしの新しい心の友になった。

下の兄さんには間もなく女友達ができた。わたしはそれが気に入らなかった。彼はわたしの兄さん、わたしから兄さんを奪ってほしくなかったのに、兄さんは間もなくガールフレンドのところへ引越して行ってしまった。何年かたつと結婚までしてしまった。結婚式にはわたしは出席しなかった。

家にはわたしと上の兄さんだけが残った。けれど間もなく上の兄さんも彼女ができてしまった。わたしは二人の兄の家を行ったり来たりしていたが、上の兄さんの家の新年会で失敗をしでかしたために、下の兄さんと義姉のところに移ることになった。

三年たってわたしは高校に進むことになった。高学年に上がる時と同じ心配と悩みをこの時も感じた。高学年ではみんな仲がよくて、うまくいっていた、今そのクラスを去らなければならない。高校では、だれもわたしについて知らない新しいクラスに入らなければならない。それに親友といっしょのクラスになれるとも限らない。いっしょになれなければひとりぼっちになってしまう。でも夏休みには二人で語学研修旅行に行くことになっていて、それだけが楽しみだった。

高校一年生の時は最悪だった。親友とはいっしょのクラスになれなかった。でも幸いなことに、彼女がわたしのクラスに移って来た。他には、一人を除いてわたしたちが近づける人はいなかった。他の生徒たちはそれぞれにグループをつくってかたまっていた。わたしたち三人だけがいつもいっしょだった。こんなことになってしまって、高学年の時がとても恋しかった。高校はひどく居心地が悪く、どんどん気が滅入っていった。

そんなわたしを見て、兄と義姉がとても心配してくれて、母が死んでからわたしが通っていた臨床心理士に連絡をとってくれた。ふたたび臨床心理士のところに通うようになった。わたしがうつ病にかかっていて、それがひどくなってきている、という診断だった。母が死んだあとに発病したうつ病がひそんでいて、今またそれが再発したのだった。疲れやすく、友達といっしょにいる以外は何もする気になれなかった。表面上では友人たちに支えられていた。でも、間もなく希望が何も残っていないように思えてきた……。

そのころ、ボーイフレンドができた。彼がわたしの救世主だった。わたしが長い間恋いこがれていた愛を彼がくれたのだった。最初、わたしは彼に何も話さなかった。話す勇気がなかった。自信がなかった。彼もまた母や父と同じようにわたしを置いて行ってしまうのではないかと心配だった。彼は心を開いてくれるように、わたしに懇願した。わたしは長い間だれにも心を開くことをしなかったが、彼にいわれるようにした。わたしたちは毎日会った。わたしは恋をしていて、わたしの命は彼のためにあった。彼がわたしを生かせてくれていた。

でもある日、またすべてが変わってしまった。わたしたちはいさかいをするようになった。毎日喧嘩した。こんなふうになって、わたしたち二人にとってひどいことではあったけれど、とくにわたしにとっては大変なことだった。彼なしでは生きていけないと思っていたからだ。

彼はもう前のようにしょっちゅう会うのはやめようといった。わたしは彼から離れることができなくて、手首を切り始めた。大きなこぶができるくらい、頭を何かにぶつけたりもした。脅かすこともした。彼がわたしから離れたら、どんなことになるかを彼に見せつけたかった。夜中に彼のところにでかけ、窓の外に座っていた。夜中なのに呼び鈴を押した。彼の家のトイレに閉じ込もり、彼がトイレの戸のところに立って叫び、戸をたたいている間に、わたしはリストカットをした。すべてが逸脱してしまった。最後には自分で彼のところから家へ帰ることができなくなって、上の兄がわたしを迎えにきた。

こんなことが何か月も続き、もうどうにもならない状態になってしまった。わたしは助けをもとめた。わたし自身のためではなく、わたしのボーイフレンドのためにだった。わたしは後見人である兄といっしょに児童青少年精神科クリニックの医者と話しあった。臨床心理士もいっしょだった。そこではわたしが青少年のための治療ホームに行くことが決められた。しかしそこに入るにはまだ少し待たなければならなかった。それまでの間どうしたらいいだろうかということになった。

わたしたちは一般病院の精神科に行った。二人の兄さんたちもいっしょだった。わたしがそこで週末だけ過ごせるかどうかを見に行くということだった。でもわたしはその病棟を見ただけで、家に帰りたくなった。雰囲気が耐えられなかった。すごく古臭く、長い長い廊下があって、そこには茶色の使い古された木製の閉じられたドアがずらっと並んでいた。多くのドアはカギがかけられている、とわたしは疑った。空気は乾いてよどんでいた。そこにいるだけで気分が悪くなった。ひとりの若い男性職員と話をしたが、わたしがここにいたくない理由がわからないようだった。

話がすむと、兄たちはわたしがここにとどまらなければならない、それがいちばんいいことだといった。わたしは頭にきてパニックに陥り、叫び出し、テーブルの上に置いてあった花を一本投げつけた。そして廊下を走って行って、花の鉢植えをひっくり返し、投げたりけとばしたりしては叫んだ。鍵のかかった所に閉じこめられるのは絶対にいやだったし、こんなところにわたしを置いてきぼりにしてほしくなかった。

少し落ち着いてはきたけれど、あいかわらず気が動転していた。職員のひとりがわたしに話しかけようとした。わたしは家に帰りたいと、何度も兄たちに電話をした。泣いては迎えに来てくれるようにしつこく頼んだ。それはむだなことだった。職員が鎮静剤と睡眠剤をくれた。眠りたくなかった。わたしは一晩じゅう起きて『レビュー・ウィーク』という雑誌を部屋で読んだ。朝方になって疲れて眠ってしまい、午前中遅くなって目が覚めた。それから上の兄さんに電話した。彼もわたしをこんなところに置くのはいやだったらしく、迎えに来てくれた。

その次の週には治療ホームに行くことになっていた。コンピューター、肘掛けいす、机、ステレオなど持っていけるだけのものをたくさん持って行った。わたしの部屋は二階で、窓が庭に面していた。床は木で、壁は濃いブルーの色だった。かなり大きな部屋だったが、天井が低く、陰気な部屋だった。これから三か月間、ここがわが家になるのだ。ここにいなければならないと思うと本当に嫌だった。

この治療ホームは田舎にあり、アイスランド馬を飼っていた。わたしは毎日、森の中を乗馬した。それでも気分は落ちこむばかりだった。機会があるたびに、いちばん上の兄さんに電話をかけて迎えに来てくれるように頼んだ。でも彼にはその気がなかった。ただ、あと一週間たったら会いに来てくれるといった。

ついにもうがまんできなくなった。ただただ家に帰りたかった。その気持ちがどんどん強くなった。わたしは街に向かって六キロほど歩いていった。年とったおじいさんの運転する車を止め、乗せてもらった。彼は耳が聞こえないようなので、わたしはだまって座っていた。キオスクのところで降ろしてもらい、乗せてくれたお礼をいった。キオスクに入り、兄さんに電話して逃げ出したことを伝えられるように携帯電話のプリペイドカードを買った。

その時、ホームの職員が車の中で待っているのが見えた。彼はわたしを見たのに、車から出ないでわたしを待っていた。わたしは彼を無視して、少し離れたところに行って、兄さんに電話をした。兄さんはホームに戻るように言ったけれど、わたしは家に帰りたかった。職員が車を前に進ませ、わたしの横に停めた。そしてわたしは車で連れ戻された。その帰り道もその夜も、ひとこともだれとも口を聞かなかった。ただ怒っていた。

次の日、臨床心理士と会いに街へ行くはずだったのを取り消したと職員がいった。わたしはひどく怒ってそういうことをすべきでないわと怒鳴った。わたしは臨床心理士に会いたかった。でも昨日のようなことが起きた直後では、わたしが街に行くのはよくないと職員たちは判断したのだった。

わたしは怒りで泣きながら、物を投げつけた。台所に包丁があるのを見つけた。切れない包丁だったが、それであごを切りつけ家の中から飛び出した。その前の日に歩いた街のほうへとわたしは走って行った。もし兄さんが迎えに来ないなら、自分で家に帰るつもりだった。太陽が照っていて暑かった。わたしは厚いセーターを着ていたけれど、脱ぎもせずに走った。かなり行ったところで、エーランド島から来たという二五歳くらいの男の子たち四人の車が止まった。ハンマルビーのサッカーの試合を見るためにストックホルムに行く途中だという。車の中では彼らとあまり話はしなかった。包丁はセーターのそでの下に隠してもっていた。街が近づき、わたしは降りた。市立図書館のところで包丁を紙くず籠に放り込み、バスに乗ろうと列に並んだ。ボーイフレンドに会うために学校へ行こうと思った。そうでなければわたしはどこへ行ったらいいの？

泣いたので、コンタクトレンズがすごく乾いてしまった。ほとんど何も見えず、目が痛かった。学校では仲良しの友達のひとりが教室の前で座っていた。彼女がもうひとりの友達を迎えに教室に入って行った。その友達がやって来て、わたしが顔を傷つけたことと逃げて来たことをなじった。彼女はわたしを見て、きっと怖くなったのだと思う。

わたしは職員室に行き、電話を借り、臨床心理士に電話をした。彼が迎えに来てくれた。兄さんも来た。社会福祉事務所に行って事情を説明し、これからどうするかを話しあった。社会福祉相談員はわたしが治療ホームに戻る以外に解決策はないと言った。わたしは立ち上がって、そんなことをするぐらいなら、今すぐわたしを銃で撃ってくれたほうがましよと叫んで、部屋から飛び出し、ドアをバタンと閉めた。

わたしはまっすぐボーイフレンドのところへ行った。彼はわたしに会えて喜んだ。抱きしめあいながら、わたしは逃げてきたことを話した。彼もまたわたしのことが恋しかったのだ。わたしたち二人はこれまでたくさんのことを切り抜けてきた。彼のような人に出会えてわたしは幸せ者だ。彼自身、壊れそうになりながらも、いつもわたしを支えてくれた。

兄さんが電話をしてきて、短期間ではあるけれど、今晩から泊れるホームが街にあるといった。それでわたしはずっと気が楽になった。

そのホームにいたひとりの女の子とわたしはすぐ仲よしになった。三か月間はあっという間に過ぎた。そのあと、支援住宅といってわたしに1DKのアパートを市が提供してくれた。それから一年が過ぎようとしているが、わたしはまだそこに住んでいる。でもそのうち自分の住まい、わたし自身が選ぶ住まいを、探したいと思っている。

父との関係はあまりうまくいっていない。進んだり戻ったりという状態だ。父は週末に外出許可がおりると、わたしに会いに来る。会う場所はほとんどわたしのアパートで、わたしたちは座って、少し話をする。父はアパートのことで必要なことを手伝ってくれるし、ご飯もいっしょに作ったりもする。父に外出許可がおりている間、わたしたちは毎日会う。上の兄さんと義姉さんと彼らの娘を訪ね、コーヒーをご馳走になったりもする。

父はユースホステルに泊り、日曜日の午後バスに乗って刑務所に戻る。父がそこに帰らなければならないことは、父にとってもわたしにとっても気が重いことだ。わたしは父に刑務所に戻ってほしくない、わたしのところにいてもらいたい。父もそう思っていると思う……。一年ほどたったら釈放されるだろうと思うので、その時にはわたしたちの関係がもっとよくなっていることを望む。いつか父がわたしの人生に戻って来てくれて、ふたたびわたしの「父親」になることを願う。

上の兄さんはわたしにとってもっとも大切な人だ。わたしは彼をいつも「父」のように尊敬するだろう。わたしの人生の過去五年の間、兄は実際にわたしの父親だった。今わたしはその兄さんの子の叔母さんになった。

臨床心理士のところへはいまだに通っている。この二年間うつだったけれど、間もなくそこから脱出できると思う。このところずっと強く願ってきたことがある。それは健康になることだ。だからうつ、、からの脱出はまったく不可能なことではない。
母がこの世にもどって来てくれることはないけれど、わたしの心の中で母は生きている。母はわたしといつもいっしょにいる。

イェニファー

25●••

≫「お父さんはどうして亡くなったの。こんなことを聞いていいかしら?」「飲みすぎて死んだんだ。家族より酒を選んだのさ」≪

ローベット　20歳

Pappa och jag
hade jätteroligt.

パパとぼくはとても仲良しだった。

ローベット　二〇歳
父モルガン（四五歳）をなくしたのは九歳の時だった

Robert

どこのカフェのテラスも人でいっぱいだった。陽は輝き、木々は歌い、空は水彩画をブルーで塗ったようだった。

「あなたのお父さん何しているの？」と彼女は聞き、ぼくが彼女の茶色の目が見えるように、顔にかかった前髪を吹き払った。

「父は死んだ」とぼくはいった。

「あら、ごめんなさい」

「あやまらなくていいよ、君のせいじゃないんだから」


父は一九九二年一二月一日に死んだ。待降節の最初の日が過ぎた直後だった。金曜日には学校の教室で待降節のための最初のろうそくを灯し、ジンジャークッキーを食べた。

ぼくは九歳だった。なぜ父が死んでしまったのかよくわからなかった。父は死んでしまって、もう帰ってこないということだけはわかった。ホワイトクリスマスを望んでいたのに、夜のように暗いものになってしまった。

イェーテボリは美しい街だ、とくに春の色に包まれた時がいい。太陽の輝きが緑を呼び、夏が近づく。いや、もう夏になっているのかもしれない。

「パパがいなくて寂しい？」彼女が聞いた。

「わからない、本当にわからないんだ」

「いなかったら、寂しいはずよ、そうでしょ？」

「ぼくがパパを恋しかったのは死んだ時とそのあとの何年間かだけ。それからは……わからない。怒りのほうが大きい。苦々しいというのか。死んだ人に対してそういうことがいえるならね」

彼女は肩をすぼめた。彼女にはわからないだろうな？　彼女の父親は生きているのだから。


父が死んで二週間たってから、ぼくは学校にもどった。教室の椅子にひとり座る孤独な少年。担任がぼくに青いノートをくれた。「何か書いてみたら」と彼女はいった。「だれにも話せないことをここに書いてごらんなさい」

二日間かけてぼくは何か書きまとめた。ぼくを覆った、あの沈黙したとげのような非現実的な感情、その感じを書いた。書き上げても気分はよくならなかった。でも感覚はより現実のものとなった。

父が入院する一か月前にぼくはひどい夢を見た。真夜中に起きて、両親の寝室のドアを開けた。そこに父が寝ていて、呼吸をぜいぜいさせ、口の端から血を吹き出していた。それが本当に夢だったのか今となってははっきりしない。夢にも父が死んだ日の状況にも、同じように霞がかかっている。

母と叔母が病院から戻って来た時、ぼくは玄関のホールに立ち、何かおかしいと感じた。親類が何人か手伝いに来ていた。父は手術をするのだろうか。それにしてもおかしい。母と叔母が玄関から入って来た。母は涙を浮かべうつろな笑いをした、みんなが二人を見ていた。母たちが何かいいだすのをみんなは待っていた。でも何もいわないで、ただ首を横に軽くふっただけだった。従兄弟が叫んだ。父は死んでしまったのだ。玄関のホールは人でいっぱいだったけれど、ぼくは空虚な気持ちで、すごくむなしかった。


注文したコーヒーが来た。

「どんなふうにお父さんは死んだの。こんなこと聞いていいかしら?」

ぼくは背伸びをし、あくびをした。

「もちろん、いいよ」

彼女はぼくを見た。目の前に置いてあるコーヒー茶碗を指で少し動かしていた。彼女が興味をもっていることははっきりしていた。

もしだれかの親が死んだということを知れば、どうして死んだんだろうと考えるのは当然だ。でもほとんどの人はそれ以上直接訊ねる勇気をもたない。古傷をふたたび掘り起こすことを恐れるからだ。でもぼくが記憶を思い起こして痛みを感じるには、それ以上のことが必要だ。もっとそれ以上のことが要求される。

「飲みすぎて死んだんだ。アル中患者。家族より酒を選んだのさ」

「なんていうこと」

「今になってはどうでもいいことさ。ただ……あとでいろいろわかってきたんだ。なぜこんなことが起きたかということがね……どうして彼がときどき変なことをいうのかとか、ときどき変な臭いがして、それが洋服にしみついていたり」


一二歳になった時、ぼくのノートが出版された。個人的な文章の断片とか絵を描いたのを母が出版社に送ったのだ。テレビの四チャンネルでは、朝のニュースショーにも青少年向けのトーク番組にも出たことを覚えている。それから全国紙の『アフトンブラーデット』にも載った。

少したつと手紙をもらうようになった。父親を失った子どもたちからの手紙だった。でもぼくは返事を出さなかった。実際にはだれも理解なんてできることではなかったからだ。妹や弟は何か問題があったり、どうしていいかわからない時にはぼくのところへ来た。もちろんぼくは彼らの保護者的な役割を果たした。本来ならその役割は父親が果たすべきものだった。もし酒を飲んで死ななければ、今もしていたことなのだ。

死んでしまった者に対して苦々しく思うことはできるのだろうか？

「父はぼくを裏切った。ぼくだけでなく家族をもだ」

彼女と話をしていて、ぼくは怒ってはいなかった。むしろ少し距離を置いて、事実の説明をしている感じだった。本当に起きたことだからだ。父は自分の息子を完全に欺いた。消えていき、ぼくをひとり置いていった。家族を置き去りにしていった。これは許しがたい裏切り行為だ。

彼女はぼくを見た。ぼくを理解しようとしていた。理解しようとはしているが、できないでいる。

「あなたは彼のようになるのが怖い？」

ぼくはうなずいた。

「親はそういう人だというのではなくて、そういう人にもなりうるという例ね」と彼女はいい、タバコに火をつけた。

彼女は正しい。

一六歳になった年に、家族で南スウェーデンに引越した。狭い通りにはピザ屋と美容院しかない小さな町だ。喧騒に満ち溢れ、コンクリートの建物が立ち並ぶストックホルムの環境とはすごく違っていたけれど、ぼくはこの町が好きになっていた。だんだんとストックホルムの友達とも連絡が途絶え始めていた。

新しいところに移って、これまでの記憶も薄れてきた。彼がぼくの父親であったことも、なんでもできた人だったことも、何事も自分で決めたがった人であったことも、突如として死んでしまったことも、父はただのひとつの記憶になってしまった。だれも父について話さなくなったし、思い出しもしない。少し残っている写真もたぶん居間の本棚にあり、ただそこに置かれ、ほこりをかぶっているだけだ。

母は新しい人に出会った。でも別れるのもたぶん時間の問題だ。彼もアル中なのだ。そんなことをだれが想像できただろうか。前に読んだことがある。ある種の人たちはいつも同じような人ばかりに惹かれるとあった。そのある種の人がぼくらの母親だということがとても残念だ。とにかくわれわれはどうにかやってきている。

高校を卒業して、ぼくはジャーナリスト学校に入るために、地方新聞の実習生となった。今そこに在籍している。あちこちでてくてく上がったり下がったり歩きまわっている。ポケットに手をつっこみながら、あるいはベンチに座って小さなノートブックに書きこんでいる。どこにいても、ぼくはだれも必要としない。父親やお手本になってくれる人がいなくてもやっていけるという自信がぼくにはある。すでに九歳からそうやってきているわけだから。事実やってこられた。でも心から望むことは、だれもぼくのような立場におかれるようなことがなくなってほしいということだ。ひとりでやっていかなければならないなんていうことがないように。

父がゆっくりと記憶の中から薄れ失せていくことを感じる。事実、現実に消えている。それについてどう感じるべきかはぼくにはわからない。無関心というのはほめられるべきことではない。ぼくは誓っている。将来ぼくに子どもができたら、子どもを裏切るようなことは決してしない、子どもたちのもとから死んで消えてしまうこともしない、額から血を流しながら、自分がだれだかわからない状態で玄関口に倒れることも決してしない。とくに父の賞賛者であった長男が、寝室のドアのところで震えながら怖くて泣くようなことは決してさせない。

パパ、あなたはあちらで気分よく過ごしていますか。そう望んでいます。
ぼくはとても元気です。

でもこれで話が全部終わったというわけではない。

一六歳の時に、母がぼくに打ち明けた。これまで知っていた、ぼくを育ててきた、ぼくを悲しませた、恋しく思った父は、ぼくの実の父ではないと。そんな時、人はどう反応するだろうか？　ぼくはほとんど黙ったままだった。目に涙を浮かべながら、母はぼくが不倫の結果できた子だということを話した。父、つまり死んだ人は、それについてはまったく知らされなかった。

ぼくの生物学上の父はぼくを引き取りたいといった。そして母と家庭を築きたがったが、母は自分が選んだ人との生活を続けたのだった。選ばれた人がぼくの父となり、そして死んだ。

ぼくは実の父に会った。とても感じのいい人だ。実の父とはときどき電話で話し、「お互いにもっと会おう」といっている。でも彼も、ぼくと同じで、自分自身の人生が忙しい。彼には他に子どもがいるし、ぼくには学校がある。それにぼくら二人の間には距離がある。その距離はこれからもずっと存在し続ける。地理的な距離と感情的な距離。ぼくたちはお互いを知らない。本当に知らないのだ。

つまりぼくは三人の父親像をもつことになった。ひとりはぼくが父として認めていない母の新しいパートナー、まったく血のつながりのない死んでしまった人、そして生きてはいるが、ぼくに近い存在とはいえない父だ。

実の父はぼくにできるだけのことはやってくれている。そこに存在もしている。彼の中にぼくの一部が見える。ぼくのために最善をつくしたいとも思っている。でもぼくたちは父と息子という間がらになることは決してないだろう。それにたぶん、最初からそういう関係になるはずではなかった。

眉を額に寄せながら、彼女は言った、「ということはあなたには三人の父親がいるということね」

彼女の美しい目を見た。きらきら輝いている。驚きと好奇心でいっぱいだ。彼女の考えていることがわかる。物事ははじめに考えたこととはいつも同じであるとは限らない。

「ぼくには母親がひとりいるよ」とぼくはいい、笑った。「ぼくはその人の子だ。幸運にもね」

彼女も微笑み返し、灰皿にタバコをぎゅっと押しながら火を消した。混乱したような目をして、いった。

「あなたはだまされたようには感じないの」

「わからない」とぼくはいった。「なんとかそれでも生きているよ。もう過ぎたことで、前に起きたことは過去のことで、ぼくの一部になっている。だれかを告発する理由なんて何もない。とくに母に対してはね。母だけがぼくの人生で定着した部分なのだから」

「でも……」

彼女はためらい、ぼくが話したことを本当にはわかりきっていないようだった。

「この全体のこととどう折りあいをつけるつもりなの？　過去に起きたことという意味だけれど」

まわりの人たちはジャケットを着て帰り始めた。風が髪をまるでベールのようにして、彼女の顔にひと吹きした。

「ぼくは書く。書くことがぼくのセラピー。文字はぼくの道具。書けば気持ちがやわらげられ、創造する力が出る。ぼくのためにそれらがある」

彼女はうなずく。寒くなってきた。春の太陽はあてにならない、何秒か暖かくなったと思うと、次の瞬間は雲に隠れる。まるで陽が顔を出そうか出すまいか、次の出番がどこなのかとまどっているかのようだ。

ぼくたちもそこを離れた。お年寄りのカップルが手をつないで前を歩いている。幸せそうだ。路面電車がぎしぎし走って行った。彼女はもう一本タバコに火をつけた。火が消えてしまわないように手をかざし、背中を丸めている。

それがある意味で美しい。

ぼくは書いてはいるけれども、父について、あるいはぼく自身についてのことではない。

そのことについてはときどき書こうとするけれど、なかなか進まない。ものすごく難しい。ぎこちない文章を書いてはみているが、長い間放ってある。読んでは消している。それらの文字では説明もできないし、語ることもできない。それはただの文字であって、感情の表象ではありえない。とにかくぼくの感情ではないのだ。問題の核心に迫ると魂がなくなっている。ぼくは自分がいったいだれなのかを知らないで生きてきた。とてもひからびて冷たく、それがぼくを恐れさせる。そのように感じているからだ。

ローベット

26●••

≫文章の中にママという名詞が
入っていた。
先生はそれをパパに変えた。
とてもやさしいと思った≪

ノーラ　10歳

ノーラ　一〇歳
母クリスティーナ（四〇歳）をなくしたのは三歳の時だった

Norah

ママがいないなんて変。ママがどんなだったか何も知らないんだもの。でもママはわたしの心の中にいる。

わたしが小さくて、いつもおもらししていた時のことをひとつおぼえている。ママとパパは、わたしにトイレを躾けようとしていた、わたしがトイレに座っていると、「ティンクル、ティンクルできるかな、ママのためにしてくれる？」とママがいった。

ママがヨーグルトをくれたのもおぼえている。それから古いぬいぐるみの熊ちゃんをもっているのだけれど、それはわたしが三歳の時にママがくれたの。それはママが小さい時に、おばあちゃんからもらったんですって。

わたしはママがいなくてもわりと平気、でもクラスのだれかが「ママなしではわたしは生きていけないわ」というと、「わたしにはママがいないわ。でも大丈夫よ」というの。するとその子たちはいうの。「あっ、ごめん、あなたのこと忘れていたわ」。するとわたしは怒ってしまう。だってそういうことは忘れていいことじゃないもの。

ママについてわたしたちはあまりしゃべらない。話をするなんて必要じゃないと、ちょっぴり感じているの。でも家で掃除をする時にはママがいたらなあと思う。片づけるものがすごくあるんだもの。古いビデオを見たことがあるけれど、その時のわたしの家はすごくきれいに片づいていたわ……。今はパパが掃除を手伝ってくれるけど。わたしの弓を直してくれるのも、ボートをこいでくれるのも、スクーターを運転するのもパパ。それにパパはママの料理もつくってくれる。


国語の時間に名詞と形容詞を習っていた時に、文章にママという名詞が入っていたの。そしたら先生がそれをパパに変えた。だれかがなぜと聞くと、先生がノーラにはママがいないものといったの。とてもやさしいと思った。

わたしが小さいころ、『バナナ・イン・パジャマ』『ポストマン・パット』『ミュータント・タートルズ』を見たわ。パパに聞いたの、ママは『指輪物語』が好きかしら？　と。「もちろんさ、ママも映画ファンだったからね」とパパがいった。

愛するママへ、ママはまるで宇宙に逃げていってしまったみたい。帰り道がわからなくなってしまったのではないかしら。わたしはママがものすごく恋しい！　帰ってきてくれない

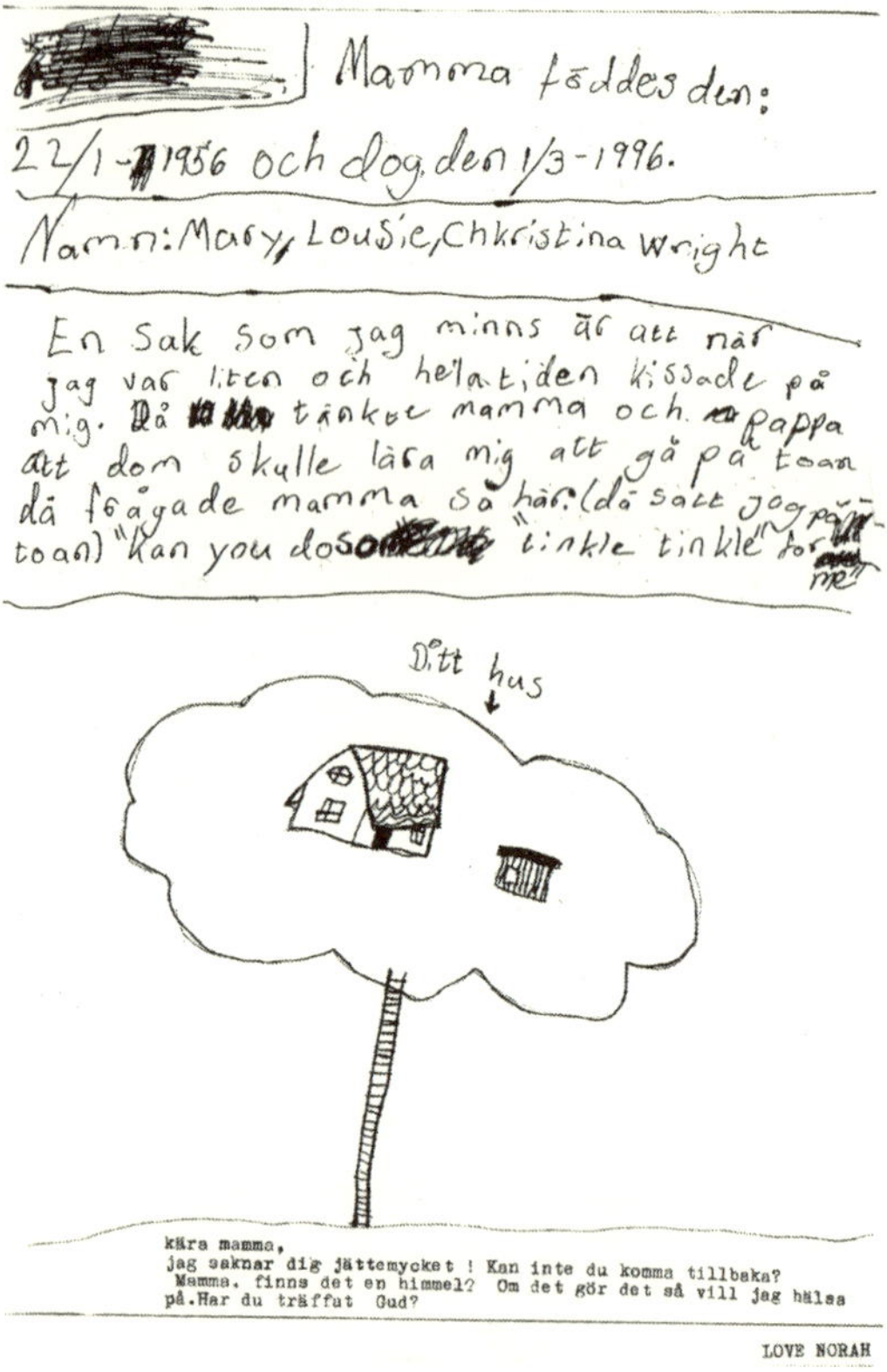
[redacted] Mamma föddes den:
22/1-1956 och dog den 1/3-1996.

Namn: Mary, Lousie, Chkristina Wright

En sak som jag minns är att när jag var liten och hela tiden kissade på mig. Då tänkte mamma och pappa att dom skulle lära mig att gå på toan då frågade mamma så här: (då satt jag på toan) "kan you do "tinkle tinkle" for me"

kära mamma,
jag saknar dig jättemycket ! Kan inte du komma tillbaka?
Mamma, finns det en himmel? Om det gör det så vill jag hälsa på.Har du träffat Gud?

LOVE NORAH

ママが生まれたのは
1956年1月22日。
死んだ日は1996年3月1日。

名前：マリー・ルイス
　クリスティーナ・ライト

わたしが小さくて、いつもおもらししていた時のことをひとつ覚えている。
ママとパパは、わたしにトイレを躾ようとしていた。わたしがトイレにすわっていると、「ティンクル、ティンクルできるかな。ママのためにしてくれる？」

ママの家

愛するママへ
ママがすごく恋しいの。帰ってきてくれないかしら。ママ、天国はあるの？　もしあるのなら、わたしも行ってみたい。神様には会いましたか？　　ノーラよりかな？　ママ、天国はあるの？　もしあるとしたら、わたしはママに会いにいきたい。ママは神様にはもう会いましたか？　神様のサインがもらえないかしら？

もしママが宇宙に逃げたのだとしたら、なぜ逃げたのかわたしにはわからない。たぶん悲しかったのね、怖かったのかしら、それとも怒っちゃったのかな？

でもわたしはママを見つけるわ。わたしが死んだ時に。

ノーラより

（ノーラの姉ユーリアの手記は四五ページ）

27●••

≫ママはパパを起こすことができませんでした。
お医者さんもできませんでした。
それは誰のせいでもありません≪

カッレ　１歳

カッレ　一歳
父モルテン（二四歳）をなくしたのは一歳の時だった

カッレは本名ではなくニックネームだ。彼はまだ小さいので、実名を本書に載せてよいかどうかを判断できない。しかしカッレの家族が、この話を本書に載せることを了解してくれた。児童臨床心理士であるケン・シェステションがカッレの母親が話したことを正確に記録し、それをまとめた。臨床心理士はカッレに「パパの本」の話を何度も読み聞かせた。カッレは聞きながら、うなずいたり、訂正したり、足したり、頭をふったりし、話が合わないと興味をなくしたりする。カッレは臨床心理士を訪ねるたびに、「パパの本」を読んでくれるようにねだる。

あるところにカッレという男の子がいました。カッレはパパとママといっしょに、町の中にある家に住んでいました。ある日家族でよその町に住んでいるおじいちゃんとおばあちゃん（父方）を訪ねました。うちに帰ってから、テレビで子ども番組が始まるまで、カッレはパパにアルフォンスの本を読んでもらいました。そのあとパパは疲れたといって、ベッドに横になりました。

突然、ママはとても心配になりました。パパが重い病気になってしまったからです。パパは震えたり揺れたりしはじめました。ママがものすごく怖がっているのが声でわかりました。カッレもとても怖くなり、「悲しく」なりました。(「悲しく」はカッレ自身が付け加えた言葉。児童臨床心理士がこの文章をまとめてから一〇か月後、つまりカッレが二歳の時になってからふたたび読んで聞かせた際に、カッレが付け加えた)。

カッレの胸はドキドキしました。ママは電話口に走っていって、救急車を呼びました。ママはパパがふたたび息ができるように、パパの口に空気をいれました。それから心臓が動くように胸を押しました。

カッレはパパが目を覚ますように、足をたたきました。パパは起きません。カッレはもっと強くたたきました。パパは動きません。カッレはもっともっと強くたたきました。でも何も起こりません。パパが起きてきて、もとどおりになってほしいとカッレは思いました。カッレは自分ができることを全部しました、一生懸命やりました。

でもパパを起こすことはできませんでした。ママもパパを起こすことができません。パパは病気が重くなって死んだのです。だれのせいでもありません。カッレのせいでもなければ、ママのせいでもなければ、パパのせいでもありません。

カッレはすごく怖くなってベッドのまわりを走りまわりました。どうしてかというと、ママのそばにいたかったからです。ママがパパを起こせますようにとカッレは願いました。でもママはパパを起こすことができませんでした。

その時ドアのベルがなりました。ママがとんでいって、開けました。救急車でやってきた二人のおばさんたちです。ママはカッレを抱き上げ、カッレをひとりのおばさんにあずけました。カッレはママまでがベッドに寝て、目を覚まさなくなるのではないかとこわくなりました。

それからおじいちゃんとおばあちゃん（母方）が来ました。

最初、パパが救急車に乗って病院に連れていかれました。それからママとおばあちゃんが別の救急車に乗っていきました。それからカッレとおじいちゃんが車で病院にいきました。おばあちゃんとおじいちゃん（父方）も病院に来ました。

病院では、お医者さんもパパを起こすことはできませんでした。みんなとても悲しみました。パパは死んでしまったのです。

カッレは大人たちにパパを起こしてほしいと思いました。カッレは悲しくなって、怒りました。

もう夜中です。でもカッレは眠ることができません。カッレはおばあちゃんとおじいちゃん（母方）の家に行き、何日か過ごしました。カッレはママが心配です。ママもベッドに寝て、目が覚めないのではないか、パパのように病気になって死んでしまうのではないかと心配しました。

カッレは遊ぼうとしたけれど、遊ぶことができません。長いこと悲しくなることがときどきありました。カッレはパパを呼びましたが、パパは来てくれません。するとカッレはすごく怒りました。「パパ、来なきゃだめ！」それでもパパは来ません。

カッレはパパが恋しくてなりません。パパはいつもいっしょに砂場に来てくれて、砂を掘ったり砂遊びをしてくれました。カッレとパパはサッカーもいっしょにしました。それにカッレはソファーでパパのひざに座って、アルフォンスの本を読んでもらって楽しい時を過ごしました。

カッレはパパが戻ってきてくれて、いっしょに遊んでほしいのです。砂遊びやサッカーをしたり、アルフォンスを読んだりしてほしいのです。

でもパパは帰ってきません。カッレはときどき悲しくなり、ときどき怒りました。今はカッレとママだけになってしまいました。カッレはときどき、おばあちゃんとおじいちゃんの家で過ごしました。

そのあと、お葬式になりました。パパは蓋がしてあるお棺の中に寝ています。最初は蓋が開いていてパパを見ることができました。それから蓋が閉められました。教会にはたくさんの花がありました。

カッレはたくさんの人が泣いているのを見ました。カッレはママが悲しがってほしくないと思いました。でもママは悲しがっていました。それは仕方のないことです。そのあと、お棺は土に開いた穴に入れられました。たくさんの人が花を投げ入れました。カッレも投げました。

カッレとママは家に戻って暮らすようになりました。そしてカッレは保育園にまた通い始めました。

ある日、カッレはおばあちゃんとおじいちゃん（父方）につれられて墓地に行きました。墓石のあるパパのお墓です。カッレはろうそくを二本もっていきました。カッレはうれしくて、お墓にいちもくさんに走っていきました。ろうそくをつけるときれいでした。カッレはその時、小さなおもちゃの馬をもっていました。

カッレはパパをお墓から出そうとしました。でもだめです。もう一度ためしましたが、パパは出てきません。パパは死んだのだから出てこれないのです。パパの心臓が動かなくなったのです。死ねば息もできない、動くこともできない、目を開けたり、話したりすることもできません。人はいちど死んでしまえば、それを変えることはできないのです。

カッレはものすごく怒りました。車に戻ってくると、馬を地面に投げつけ、それを踏みつけました。本当はカッレはとても悲しかったのです。パパが恋しくて、パパに出てきてほしかったのです。パパが生きていた時はすごくおもしろかった。なにもかも楽しくて、カッレとパパはたくさん楽しいことをしました。砂場、サッカー、アルフォンス……

カッレはパパが帰ってきてくれないかなあと思いました。「パパ」と、叫びました。でも帰ってきてくれません。それはカッレのせいではありません。カッレはパパが戻ってきてくれるためにいろんなことをしました。でもだれもパパを戻してはくれません。ママだって、おばあちゃんだって、おじいちゃんだって、お医者さんだってできなかったのです。

もしパパにそれができたなら、パパはもちろん帰ってきたはずです。でもパパはそれができなかったのです。カッレはときどき悲しくなりました、ときどき怒りました。どうしてかというと、パパが恋しくて、いっしょに楽しいことをしたかったのです。

パパが生きていたころから、たくさんの時間が過ぎました。カッレはときどき悲しくなります。ときどき怒ります。でも機嫌が少し早く直るようになりました。そしてカッレはパパのことをぜったいに忘れません（カッレは「パパの本」について聞くと、このごろでは笑顔を見せるようになった。カッレは三歳になった）。

カッレ

28●••

≫わたしは未知の世界に向けて飛び出そうとしている。
どうなるかを見きわめるには
生きていかなければ≪

サーラ　20歳

サーラ　二〇歳
父クリステル（三六歳）をなくしたのは三歳の時だった

Sara

『さびしがりやのクニット』、わたしたちの最後の夜に、父が読んでくれたのがこの絵本だった。父は亡くなる最後の日の前夜に、わたしの人生から消えてしまった。

わたしが三歳の時に父は自殺した。わたしの人生と将来は永久に変えられてしまった。

予想できるように、父が死んでからというものわたしと母はとても気分がすぐれなかった。

母は関節痛を患った。そこに悲しみがたまるのだった。そのころのことではっきりと覚えているのは、わたしが保育園に行く時に、起きてきて朝ごはんを作ってくれるママがいなかったことだ。ママは身体が痛くてベッドから起き上がれなかった。いつもとは違うとその時わたしは怖かった。

母とわたしはしばしば怒り、怒鳴りあった。小さな子どもだったわたしには何が起きたのか、なぜ母が耐えられずに、ただ悲しがっているのかを理解することも受け入れることもできなかったのだと思う。

わたしが一二歳まで住んでいたその島に、父は子どもの時に引越して来た。父方の祖父から離婚された妻、つまり父の母親は本土に残された。父はたぶん母親から離別せざるをえなかった悲しみを、乗り越えることができなかったのではないだろうか。そのことが自分の命を絶つ種を蒔いたのではないかと思う。

父は貧しい詩人で作家だった。あちこちで臨時の仕事をしながらどうにか暮らしていた。夏には生まれ育った故郷に帰ってきて、浜辺の小屋に住み、ブルーベリースープやコンスム〔スウェーデンの消費生活協同組合〕の安いパンをかじるというスパルタ式の生活をしながら、詩や文章を書き、人生について考えていた。その海岸で父は母に出会った。

父はこれ以上何も残っていないというくらいに履きつくした靴を修繕しながらでも履き、シャツはあまりにぼろぼろで、ついには人が着なくなった洋服をめぐんでもらった。

父は辛らつないいまわしと独特の思考で人に話を聞かせたと聞いている。時には自分から率先して厄介事に飛び込んでいく気質――それはわたしも受け継いでいると、親しい人から指摘される――があり、無遠慮に人の弱点を冷酷に指摘するのだった。きっとそんなにやさしい人ではなかったのだろう。人は父の鋭い心理的な攻撃に対して弁護することは難しかったのではないだろうか。というのも父は気分がすぐれなかった時にそういうことをいったのだった。

子ども時代、父のことを考えるとわたしは傷ついた。自分が価値がないように感じたのだった。わたしという父自身の子どもと母の存在は、父が生きたいと思うのに十分な理由にならなかったのだろうか？　年が経過するにつれ、わかってきたことは、二人の存在は父にとって十分ではなかったということだ。

学校では、わたしはときどきみんなとの違和感を感じた。たぶん子どもでありながら早い時期に、大きな試練に面と向かわなければならなかったことが原因なのかもしれない。つまり片親をなくしたことだ。

わたしはよく男の子たちと遊び、めったに女の子のグループには加わらなかった。とはいってもどこにもほっとする場はなかった。父が死んで以来、わたしは人生の小道にいても他の人たちの進む方向からそれて行っているかのようだった。両親二人そろっているという普通の生活ではなかった。

かわりにわたしはどこにでも母について行って、しばしば大人に混じっていた。それがわたしの年代の子どもとは少し異なった関心事をもち、クロスステッチといった刺繍などをたくさんすることにもなった。と同時に母とはよりよい、そしてより近い関係ができた、それがなければどうしてわたしがこれまでやってこられたのかわからない。母とわたしはいっしょにたくさんの事柄をくぐりぬけてきた。そのことがわたしを小さな子どもであるということ以上に成長させた。

わたしが一二歳になった時に、島を後にすることを母が決めた。とはいっても引越し先がどこでもいいというわけではなかった。イタリアに移ることにした。そこにはわたしが八歳になってから何度も訪れていたし、友人もいた。でも、だからといって……。まったくひどいとわたしは思った。でもそのことについては母にはあまり口出しできなかった。

そこでわたしが子ども時代から住んでいた家を売り払い、家財道具を積んでトスカーナまで車で行った。わたしはイタリア語の個人レッスンを受け、九月にはイタリアの学校に入るはずだった。でもいやだった。その学校と比べると、スウェーデンの学校は天国だった。

うまい具合に、とはいってもかなり困ったことではあったのだけれど、契約していたはずの家が確保できなかった。母は必死にかわりの家を探したが、別の家が見つかる前に母が病気になって帰国して島に戻った。でもわたしたちの小さな冒険のあとに住むことになったのは街の中だった。学校ではわたしはただちに温かく迎え入れられた。

都会では田舎と違って、人目を気にすることなく自分自身でいることが許される。とはいっても孤独になるということではなく、よりたくさんの人がいるということだ。わたしたちの引越しは結果としてはうまくいった。街の中で住むことがすごく楽しく、今でもいちばん居心地がいい。

わたしが一四歳の時に母は一人の男性に出会った。その時はとても辛かった。母は父が死んでから、誰とも付きあってこなかった。わたしは男性が家にいることなく育ってきた。今はその人と母を区別しなければならないし、これまでのようにわたしが母に必要とされない、と感じるのはとても辛いことだった。同時に母を自分のためにだけいてほしいと願ってしまうことをわたしは恥じた。

しかしこれらの変化もまたよいものだった。わたしが一六歳の時に、母は彼の住む田舎に引越し、わたしは街に残り、学校に通った。早くからわたしは請求書の支払いを習い、支給される児童年金に責任をもった。自分で食料を買い、家計のやりくりを真剣に考え、値段を比較したりして一生懸命にやった。

思い返してみるとほとんどのことがうまくいった。確かに、ある時には荷が重過ぎて母に電話して泣きついた。でももっと強くなることではあっても、死ぬわけじゃないんだからと、一人の友達によくいわれた。

たったひとつマイナスだったことは、友達やわたしと同じ年代の人たちにある種のいらだちを感じることだった。わたしは早く大人にならざるをえなかったことで、そんなに早く大人にならなくてすんだ彼らに、やきもちをやいているのかもしれない。

父の死がわたしを感情の面でかなり慎重にさせていることを時折感じる。わたしの人生における幸せは、他人の手にゆだねないで、自分で築き上げるものだと思っている。わたしは自分自身をいちばんたよりにしている。というのも、たぶんわたしの信頼感が以前に傷つけられてしまっているからかもしれない。

この慎重さはわたしをよい聞き手にしたと思う。わたしの友人たちが元気かどうかに耳を傾けることができる。だれもわたしをふたたび驚かすことはできないよ、と潜在意識の中で自分にいい聞かせているようだ。

それにわたしは人といっしょにいることが楽しいし、おもしろい。わたしが出会う人たちがどのような人なのかを発見することに、いつも強い好奇心をもっている。人間の心理を理解するために必要なことだからかもしれない。父を許せるようになるには、人の心を理解することがおそらく必要なのだろう。でも自分自身がきちんと判断できているかどうか、正確に見きわめることは難しい（他の人についても同じように難しい）。

このごろでは、とくに父のことはあまり意識しない。生きることで精一杯だ。それでも父のことを考える時は、わたし自身はどうなのか、それはなぜか、といったことを考える時だ。それは遺伝子を探すようなもので、父と似ている点があるかとか、父とはだれなのか、わたしはだれなのかといったことだ。

父がいて育っていたなら、わたしはどんな人間になっていただろうかと思うし、人間として父はどんな人だったのかをときどき知りたいと思う。もし父とわたしがお互いどうしの関係をもつことができたなら、わたしは父を知ることができた。

小さいころはときどき泣いたし、父に怒りをいだいていたこともある。でもそれは今になってみれば遠い昔のことだ。

時がわたしの傷を癒してくれて、自分の人生と今ある自分に満足している。人生がわたしを待っていてくれている。そのように今、感じている、高校を卒業して、また海外で住むようになって一年たった今の心境だ。その経験はわたしにたくさんのことを教えてくれて、必ずうまく行くと信じる勇気を与えてくれた。将来を考える時、期待と人生の喜びを感じる。これからどうなるかを見きわめるには生きていかなければ！　間もなくわたしはぶどうを摘みにイタリアに行く。

今わたしは未知の世界に向けて飛び出そうとしている、両手を大きく広げて……。

サーラ

29●••

≫新年をいっしょに祝った。
散歩をしたり、買い物にも行った。
少しでも楽しく過ごすために≪

マルクス　16歳

マルクス　一六歳
母イエンネ（五二歳）と父クラース（五三歳）をなくしたのは一五歳の時だった

Marcus

家族といっしょにタイのカオ・ラークに出発したのは二〇〇四年一二月一六日だった。ママの妹家族も二つ向こうのホテルに泊まっていた。ぼくたちは日光浴をしたり、泳いだり、買い物したりしてのんびりと過ごした。

クリスマスイブには、ホテルの〝クリスマスの夕べ〟でとてもおいしいタイ料理のビュッフェを楽しんだあと、ぼくとシャルロッテの部屋がいちばん大きかったので、そこでみんなとプレゼントの交換をした。クリスマスの日には海に行って、シュノーケルをして潜った。すばらしかった、最高の日だった。夜はのんびり過ごした。二年前に泊まったホテルの近くで食事をし、ホテルに戻り翌日また潜水をする予定なので早めに寝た。

次の朝、パパが夜中に少し揺れたよといった。椅子が動いていた。たいしたことはない、軽い地震だと思うとパパはいった。

ママとパパは少し神経質になっていた。お昼にダイビングのライセンスのテストを受ける予定で、二人とものすごく勉強をしていた。ぼくとロッティ〔シャルロッテのニックネーム〕は退屈して、ぼくはまたベッドにもぐりこみ、クリスマスイブに見始めた映画の続きを見るつもりだった。『デイ・アフター・トゥモロー』、大きな波についての映画だ。映画と同じことが起きるなんて、まったく変なことだ。

ママ、パパそしてロッティはビーチに下りて行った。

寝ながら映画を見ていると、電気が消えた。突然嵐がやってきて、強い雨が降ってくるような音がした。それはまるで暴風雨が近づいてくるようだった。窓から外を見ると、一五メートルはありそうな波が見える。ぼくはショックに襲われ、夢をみているのかと思った。バンガローが、車が、押し流され、人が血を流して横たわっている、何がなんだかさっぱりわからない。ぼくは部屋の鍵をつかむと、ビーチのほうへ走って行こうとした、でも通路も階段もなくなっている。ママ、パパ、ロッティのことがすごく心配になった。

人々が水の中でもがいているのを見て、涙が出た。スウェーデン人の男の人が家族は見つかったのかとぼくに聞いた。もっと高台のほうに行かなければならなくなった。大混乱だ。そこらじゅうに傷ついた人たちがいた。道路が流されている。みんなただ叫び声をあげているだけだ。何が起きたのかだれにもわからない。

叔母の家族が走ってきた。たいへんなことになった、ぼくたちはどうしているかとぼくらのホテルにとんできたのだった。みんな泣き始めた、一〇歳と六歳になるぼくのいとこたちはすごく怖がっていた、ぼくらも同じように恐れた。

傷ついた人たちを乗せた車のトランクにぼくら全員が飛び乗った。運転している男性は一三〇キロのスピードで車を飛ばした。沿岸を走りながら、破壊された風景を見た。間もなく病院に着いた。芝生の上で手術が行われていた。旅行者がたくさんいた、そのうちかなりの数の人がスウェーデン人だった。何人かが集まり小さなグループができ、ぼくらはいっしょにいることにした。みんなものすごく悲しがっていた。ぼくらは大きなバスに乗って五〇メートルほど行ったところの屋内バトミントンコートに避難することになった。

そこは床がコンクリートで、うすっぺらなマットの上に絹の布を敷いて横になった。避難所はいっぱいになった。夕暮れになり、夜になった。ママとパパとロッティについては何の手がかりもなかった。飲み水はたっぷりもらえた。タイの人たちが食べ物をたくさん持ってきてくれた。あとは下水もトイレもストップしていて気持ちが悪かった。

天井の蛍光灯がとてもまぶしかったが、ぼくは眠ることができた。サイレンの音と青い光で目が覚めた。またご飯とオムレツが出た。二人の女の子あるいは女の人―ひとりは娘が見つからないといい、もうひとりは家族全員の行方がわからない―といっしょにぼくは病院に戻った。ぼくたちは家族を探し歩いた。そこで、あの恐ろしい姿を思い出した、あちこちに傷を負って血だらけの男性のことだ。

その日、ぼくたちがいるところに遺体が並べられ始めた。知っている人がいるかどうか見て確認しなければならない。ぼくの叔父が携帯をもっていて、だれにでも貸してくれた。ぼくはスウェーデンにいるガールフレンドに電話をかけた。

三日目の晩に、ストックホルムから叔母の一人が電話をしてきた。

ぼくの妹が生きていると彼女は言った！

ロッティは、あるタイ人の家族に世話になっているということだった。その家族のコンピューターで、ロッティはスウェーデンの親友にメールを送ったのだそうだ。でもロッティはぼくが生きていることをそれまで知らされていなかった。

ぼくたちは避難所を離れなければならなくなった。新しい波が、新しい地震がふたたび襲ってくるかもしれないのだ。ここは安全な場所ではないので、パスポートを発行したり、いろいろな国の支援委員会がいる場所へ連れていかれることになった。ぼくたちはスウェーデン領事館の人と話をし、行方不明の人の名をふたたび書類に書きこんだ。タイ人たちはその人たちは生きている、どこかの病院にいるはずだといいはった。彼らは書類を取り違えていたのだった。領事館でフライドポテトを食べた。おいしかった。

タイでの最後の日々はインターナショナル・スクールで休むことになっていた。ぼくらがトラックの荷台に乗り、そこに行く途中、ロッティが叔父の携帯に連絡してきた。ぼくが彼女の声を聞けるように、トラックは止まってくれた。トラックはまっすぐロッティのいる場所に向かった。彼女が松葉杖をついて体中傷だらけでソファーに座っているのが見えた。かなり長い間ぼくたちは泣いた。そこにいたスウェーデン人たちがぼくたちのためにすごく喜んでくれた。あの二人の女の人たちも喜んでくれた。彼女たちははじめのころ、ぼくの仮のママになってくれたのだ。

ぼくたちは新年をいっしょに祝った。そんな状況の中でも少しでも楽しく過ごすために、散歩をしたり買い物をしたりした。その次の日ぼくらは帰国した。

パパとママがいっしょではないのに、帰国するというのはとても変な感じだった。でもぼくらにはどうしようもなかった。ぼくたちの両親を探すために五人の人たちがタイへ向かおうとしていた。アーランダ空港ではいっしょに帰ってこられなかった人たちの登録をした。親類、ぼくのガールフレンド、友人が一人、それにロッティの親友が出迎えてくれた。彼らに会うのはやさしいことではなかった。みんなで叔母の家に直行した。

学期の始めだけ、ぼくたちはぼくらの家で過ごした。いちばん辛かったのはママとパパの写真を見ることだった。

最初の二、三か月間はちょっとした当番表が組まれた。叔母、義理の叔母、ママの同僚だった人がかわりばんこにわが家に泊まってくれた。

学校ではぼくらがどんな気分でいるのか、といったことについて話しあいをしてくれた。先生と級友たちがぼくらといっしょに座って、たくさん質問をした。クラスでは黙祷をした。全国の人たちが黙祷した日に文部大臣がぼくらの学校を訪れた。そして、『アフトンブラーデット』紙がぼくたちにインタビューをしたいといってきたけれど、受ける気にはなれなかった。学校にいることは、ただそこに座ってママとパパのことを考えるだけであっても、気持ちが落ち着いた。


一月の半ば、叔母の一人がタイの女の人からメールを受け取った。カオ・ラークの寺院でママを見つけたという。ママは「イエンネとクラース、1985」、と彫られた指輪をつけていた。一九八五年は両親が結婚した年だ。ぼくはパパとママが帰ってこないだろうと予想はしていたが、それでもとてもショックだった。一〇〇パーセント確実ではないとその人もいうので、もしかしたらとぼくは希望をなくさないように、できるだけそのことは考えないようにした。

ふた月ほどたったある日、ぼくらが学校から帰ると叔母がソファーに座って泣いていた。ママは身元確認された。はじめぼくはこれは本当のことではないと思った。ものすごくむなしい。それでもぼくは翌日学校へ行った。なぜなら何かがいつもどおりであってほしいと思ったし、学校にいると気持ちが落ち着いた。

二日あとにはパパも身元確認された。もうすべてがおしつぶされ、どうしてよいかわからなかった。それでもぼくは学校に通った。でも何にも集中できなかった。そのうち学校でも変な感じになってきた。最初の何週間かはみんなやさしかったけれど、今はそれについてだれも何もいわなくなった。まわりはみんな楽しそうにしているのに、ぼくは悲しくて、なにか、どこかすぐれない気分になっていた。


遺体が帰ってきた時、両親の親類全員が空軍基地に集まり、パパとママを出迎えた。家族を迎えに来た他の家族たちといっしょだった。七人の遺体が帰ってきた。両親ともなくしたのはぼくたちだけだった。

霊柩車が輪を作った。きれいな音楽が流れた。棺は国旗に包まれていた。ぼくたちは花を捧げるために前に出ることを許された。現実とは思えなかった。ぼくは泣き続けた。すべてが最低だ。すべての儀式が終わると、軍人がもう少し歌った。霊柩車が一台ずつ行ってしまうと、ぼくたちも家に帰った。

ぼくたちはお葬式の計画をたてるために、牧師さんに会いに行った。すごく緊張してしまった。ぼくも妹も葬式というものに参列したことがなかった。その最初が両親の式とはとても変なことだった。

教会には五〇〇人が集まった。入り口のずっと外まで人は立っていた。ママの職場の人が全員、学校からもたくさん来た。ママとパパが好きだったという音楽をたくさん演奏した。最後は親戚だけになり、とてもリラックスした。それにしても両親がスウェーデンに戻ってきて、ぼくらのそばの墓地にいることはほっとすることだ。

両親が見つかったという時点で、ぼくらは引越しをした。

ロッティもぼくも友達がいるぼくらの地区に住み続けていたいと思っていた。ぼくたちが帰国した時に、近所の人やママやパパの友人たちがぼくらの面倒を見たいといった。でもぼくらは男の子が二人、一五歳と一三歳がいる家族のところに住むことにした。彼らとは前から行き来していたので、何か月か過ぎた後、彼らのところへ引越した。

自分の部屋の物を片づけ、自分の家を離れ、違った習慣をもつ新しい家族のところへ移ることはすごく妙な気持ちだった。ぼくたちはそれぞれ自分の部屋をもらい、自分の物もある。それでもぼくは最初のころ、まるで居候のように感じ、どうふるまっていいのかわからなかった。まるでその家族の中にぼくが無理やり侵入したように感じたので、できるだけ目立たないように縮こまっていた。

でもそのうちにわかってきた。今はもっと新しい家族の一員になっている。ぼくたちはすごく楽しくやっている。兄弟とぼくはいっしょにスクーターを乗りまわしたり、ピンポンをやったり。それにお互いを兄弟と呼びあっている。もちろん、この家のルールや習慣にあわせなければいけないといった大きな変化はあった。以前は夜遅く外出して、パーティに行ってお酒を飲んだりもしたが、ここではそれは許されない。それでも彼らはぼくたちにすごくよくしてくれているし、ぼくも彼らのいうことを聞く。

ぼくらの家はそのままになっている。空き家になっていて、ぼくはときどき芝生を刈りに行ったりしている。でも不動産屋さんとも話を始め、売ろうとしているところだ。以前は家をそのままもっていたいとぼくは思ったけれど、今はそれほど思わなくなった。ぼくが大人になった時、たくさんの思い出の中で住んでいたいとは思わないのではないか。家自体はそのまま残っているわけだから、ぼくが見たいと思えばいつでも見に行くことができる。

時には気分がいいときも悪い時もあるが、ときどきはものすごく気分が沈む。前のガールフレンドが付きあいをやめたいといった時、ぼくはメールで、もう生きていたくないなんて、すごく困ったことを書いてしまった。その時ぼくは児童青少年精神科クリニックに行かされた。そこでは否定的になるのではなく、もっと前向きに考えるようにとか、たくさんの助言をくれて、支えてくれた。ママとパパはぼくたちができる限り幸せに、最善をつくして生きていくことを望んでいる、とぼくは思っている。

そのほかにもっとも支えてくれているのは、「児童の社会的権利を守る組織ＢＲＩＳ」（困難な状況にある児童支援のためのＮＧＯ）だ。そこではタイに行った八人がひとつのグループを作っている。同じ状況にある人どうしと話しあえることはほっとすることだ。お互いに助けあえて、すごく楽しい。前はＢＲＩＳについて何も知らなかった。最初はぜんぜん参加したいと思わなかったけれど、参加してみて後悔はひとつもしていない。

七年生から九年生まで三年間同じ担任の先生が受け持ってくれて、すごくよかった。ぼくが九年生でたいへんな時に、その女の担任の先生と他の先生たちがぼくを支えてくれた。先生たちは時間をとってゆっくり話を聞いてくれたり、先生たちにはいつでも電話をかけることができた。授業中に気分がすぐれなくなると、いつでも教室から出て新鮮な空気を吸うことも許してくれた。先生たちは春学期中、宿題もみてくれて、ぼくは家で宿題をする必要はなかった。

高校に進学し、新しい級友を得た。最初、両親について、職業は何かとかみんなで話した時には困った。だれもぼくが経験したことについて知らなかった。若者向けのウェブサイトでぼくがプロフィールを出して彼らは初めてぼくのことを知ったのだった。だから彼らは今ぼくに「困難にめげず人生を切り抜けろよ」とか「あきらめちゃだめだ」とかいってくれてもよさそうなものだが、彼らのほとんどが「彼は話したくないんだよ、悲しんでいる人の心の中に割り込むなんてできないよ」と思っているようだ。

パパは最後の年は家にいた。医薬品工場を売って新しく事業を始めようとしていたところだった。パパとママはホテルをいっしょに経営する予定で、その計画をたてていた。

お墓に座って両親と話をする時にぼくは思う。パパもママも天国できっといい時を過ごしているに違いないと。時おり写真を見ていると、いっしょに楽しい時を過ごしたこと、座っておしゃべりをしたこと、そしていつもぼくを支えてくれていたこと、二人がどれだけぼくを愛してくれていたかなどに思いをはせる。そんなことを考えていると心がほっとする。

自分の両親について若者たちが文句をいっていることがあるが、親がいることを彼らは喜ぶべきだ。友達の家を訪ねると、家族全員で夕食の食卓を囲んでいることがある。それを見ると、すごく幸せそうだなと思ってしまう。ぼくも妹もぼくたちしかいない。

でも今は感謝している、たくさんの人がぼくを助けてくれた。そしてぼくは今、その日その日を受けいれ生きている。津波については、それを考えなければ思い出さなくなった。しかし雷が来ると、ぼくはパニックになる。

六月にぼくらはタイに行き、牧師さんといっしょに慰霊祭に参加した。来てよかったと思った反面、少しつらく感じることもあった。ちょうどモンスーンの季節で、風が強く吹き波は高かった。でもぼくは水に対する恐怖に打ち勝った。ビーチに下り、水際に立つことができた。少し怖かったけれど、それをやってのけたのだ。

マルクス

（マルクスの双生児の妹シャルロッテの手記は二六九ページ）

30●••

≫ものすごく大きな波が来てパパとママをさらっていってしまったの。それ以外はわたしは元気です≪

シャルロッテ　16歳

シャルロッテ　一六歳
母イエンネ（五二歳）と父クラース（五三歳）をなくしたのは一五歳の時だった

Charlotte

プーケットから飛行機で帰ってきた時、両親がいっしょでなくてとても寂しかった。両親について何も知らされていなかった時は、パパもママもいったいどうしてしまったのだろうとただただ心配をしていた。

わたしにはどうしてもわからないことがある。

パパは波を見た時、なぜ丘のほうに向かって走っていかなかったのだろうか。

それにママはなぜ逃げ切れなかったのだろうか。

二〇〇四年一二月二六日、暗闇が地球を襲った。世界であれだけたくさんの子どもたちが死んだというのに、なぜこのわたしが生き残ったのだろうか。

カオ・ラーク　クリスマスの翌日
あの日わたしは家族といっしょにすばらしい朝ごはんを食べた。ママはわたしたちのためにサンデッキを確保するといって早々にホテルを出た。マルクスはクリスマスイブに見た映画の残りを見るといって部屋に残り、見終わったらすぐ海岸に来るといっていた。

わたしはママとパパと海岸でサンデッキに座ってくつろいでいた。ママはダイビング雑誌を読んでいて、わたしはサンローションを肌に塗っていた。パパはなんだか海が変だと海を見ていた。ママとわたしも見た。水が引いてなくなっており、砂の上に魚が置き去りにされていた。たくさんの島がむき出しで突き出ていた。子どもたちが走って来て、魚が死なないようにと水に返しているのが見えた。パパが水が消えていくところをビデオに撮りたいから、ホテルにカメラを取りに行ってくれないかとわたしに頼んだ。でもわたしが面倒くさがったので、パパは自分でカメラを取りに行こうとしていた。

その前にパパとママが何かいいあっていた。そしてパパが水が沖に引いていっているようだといった。ママとわたしが叫んだ「水はこっちに向かっているわ」。「大丈夫だよ。こっちに来ることはないから」とパパはいいながらホテルのほうへと向かった。その時以来、わたしはパパの姿を見ていない。

ママとわたしは波がこっちへ向かって来るのを見た。サンデッキのまわりに置いた持ち物を拾いあげ、走った。ママはわたしから離れていったけれど、声は聞こえた。「シャルロッテ、早く逃げて！　どんなことが起ころうともママはあなたをいつも愛しているわ」。

その時以来、わたしはママに会っていない。わたしがついて来ているだろうかと後ろを確かめることもしないうちに、ママは消えてしまった。わたしはパニックに陥りながらも必死になって高台の方に向かって走った。一段高い所に行きつくことができたけれど、前も後ろも大混乱だった。小さな子がひとり、階段のところで泣いていた。母親とはぐれ、その子はひとりぼっちで残されていた。

わたしは階段の手すりにしっかりとつかまった。カオ・ラークじゅうに波が流れ込んできた。わたしは頭から波をかぶり、つかんでいた手すりが手から離れていくのを感じた。波にゆられ、何度か行ったり来たりしていたが、息をしようとして海水を飲み込んでしまった。水面に浮き上がらないと、もうだめ。最後に深い息をした。目はつぶったままだった。

わたしは何かをつかんでいた、木片だろうか？　それとも屋根の一部？　見ようとも思わなかった。つかんでいる物から手が離れてしまったのか、それともそれがこわれてしまったのか。わたしはふたたび海に戻され、寄せたり戻ったりしていた。七分ぐらいたっただろうか。目を開けてみるとホテルにいた。まわりにはたくさんの人が横たわっていて、あちこちから血が吹き出ていた。わたしは泣きながら「助けて」と叫んだ。男性がわたしが立ちあがるのに手を貸してくれた。

「どこの国から来たの」と女の人が英語で聞いた。スウェーデン人だった。彼女はわたしをなぐさめてくれてタオルをくれた。どこのホテル？　部屋番号は？　名前は？　さらに家族はどんな人たちか、何歳か、そしてママとパパと兄さんの名前も聞いた。その人は「心配しなくて大丈夫、きっとうまくいくから」といった。わたしは「足がすごく痛んで、怖いの」

といった。青あざができた脚は曲がってしまって自分で立つことができなかった。わたしがあまり痛がるので、救急病院に連れて行きたいとタイの女性たちがいっていると、その人がいった。わたしは彼女から離れたくなかったけれど、ほかに選択の余地はなかった。わたしは担架に乗せられ、車で運ばれた。

途中、叔母といとこたちが走って行くのが車から見えて、運転手に止まってくれるように叫んだ。手をふったり、窓をたたいたりした。でもふたたび混乱におちいっていた。道路まで水が溢れていて、わたしはこわくてしょうがなかった。いっしょにいたタイの人たちが、波がもっと押しよせて来るかもしれないので、山のほうへみんな避難しなければならないといった。運転手は車を止め、わたしを助けてもくれないで、山のほうへと逃げて行ってしまった。

わたしは這ったり、跳び上がったりしながら山の上のほうへと向かった。足が茶色になっていた。山の上にはある家族が住んでいて、わたしに水と衣類をくれた。その家の人が木の葉で血を拭きとってくれた。ここでホテルの受付で働いていた女の人に会った。彼女は英語を話すことができた。七時間たって、もう大丈夫ということがわかってから、わたしたちは下におりていった。彼女はわたしが歩くのを助けてくれた。ひとりで歩くよりずっと楽だった。

わたしたちは病院に行った。そのホテルの女性が通訳してくれた。そこで体や髪を洗ってくれた。足の傷も手当てしてくれて包帯をまいてくれた。そのあと、その女性が自宅に連れていってくれた。家族が衣類や食べ物、そしてゴムぞうりをくれた。夜はその人のベッドで彼女もいっしょに寝てくれたのだった。翌日の夜、彼女のお兄さんがだれかにメールを送りたいかと聞いた。わたしは友達にメールを書いた。こんなふうに書いて送った。

―こんにちは。元気ですか？　わたしは元気だけれど、たいへんな事が起こってしまいました。ものすごく大きな波が襲ってきて、ママとマルクスとパパをさらって行ってしまったの。今タイの人の家にお世話になっていて、これからどうすれば家に帰れるかもわかりません。携帯電話もお金も旅券も全部波にさらわれてしまいました。元気でね。間もなく会えることを願って。―ロッティより

みんながわたしの兄と両親を探してくれた。三日目になって一台の車がやって来て、わたしをプーケットまで連れて行ってくれると伝えた。わたしはお世話になった家族に、泊まらせてもらったこと、お金をいただいたことのお礼をいった。車から降りると、たくさんの人が助けてくれた。そこには電話があって、だれかがスウェーデンの国番号をさがしてくれたので、スウェーデンは真夜中だったけれど、友達に電話をした。彼女はものすごくショックを受けて泣いていた。親類がみんなわたしのメールを見たといった。

マルクスが生きていることも、叔母の家族も大丈夫だったことも、その友達が教えてくれた。「マルクスはどう？」わたしがいったことはただそれだけだった。遠く離れたスウェーデンでそういうことがわかっていると思うと、とてもふしぎだった。友達は叔父の携帯電話の番号を教えてくれた。でもいくらかけても、最後の番号をおす前に切れてしまうのだった。友達に電話をかけ直すと、それも切れてしまった。正確な電話番号がやっとわかって電話がかかったと思ったら、留守電だった。わたしはタイの運輸大臣といっしょにヘリコプターでプーケット空港に飛んだ。空港でお昼ごはんをご馳走になって電話をかけることもできた。叔父が電話に出て泣きそうな声で「シャルロッテ、生きているんだね！　どんなに心配したことか、とても不安だった」といった。

彼らは車でわずか十分のところにいた。

マルクスを見た時、泣いてしまった。マルクスはわたしを強く抱きしめてくれた。叔母も抱きしめてくれた。わたしは友達に電話をして、マルクスといっしょだから、もう大丈夫と伝えた。

わたしたち兄妹は叔母の家族といっしょにスウェーデンに帰ってきた。二週間たった後、ママが見つかったようだという連絡があった。わたしはママが生きていると思った。でも正反対の知らせだった。一週間後に確認してまた電話連絡しますといっていたが、わたしたちは二か月もの間、ずっと待ち続けた。

ママが見つかったと連絡があった。

その次の日、パパも見つかったと知らされた。わたしは彼が生きていると思った。でも残念ながら反対だった。死んでしまったのだ。こんなことが起きるなんてどうしても信じられない。ママもパパもどこかが悪いとか、年をとっているとか、病気だとかいうことではなかった。なんとも残念なことだ。


スウェーデンに帰国してから、わたしは病気になってしまった。悲しみやストレスもずいぶんあったと思う。叔母が学校に連絡をしてくれた。学校では両親のために黙祷を捧げてくれるはずだったが、わたしはそこにいたくなかった。黙祷のあとの会話になどとても参加する気にはなれなかった。いちばん仲のいい友人たちがわたしの話をクラスで話してくれることになっていた。それにわたしがどんなことを経験したのかを他の人にいろいろ聞かれたくないことも伝えてもらった。

学校には行きたかった。今九年生、とても大切な時期だ。学校では二人の友達がわたしをひとりにしないように、いつもいっしょにいてくれて、大きな支えになってくれた。彼女たちはわたしが時には学校に行けないこと、ただただ泣いていたい時もあること、勉強は少し遅れてしまうけれど、授業に出られない日もあることなど、すべてを知っていた。

高校ではレストランコースを選んだ。料理にとても興味があるし、わたしには適している。ママは料理が上手だった。わたしが料理がうまくなるように、そして二人でいっしょに台所で楽しく料理ができるようにと望んでいた。でも彼女はもうここにはいないし、学校で習ってくることを見てもらうこともできない。以前はママといっしょにいろいろなことができたのに。洋服を買いに行ったり、いいたいことをお互いにいいあったり、間違いをしてもちっとも恐れることはなかった。パンを焼くことだって、わが家では毎日やっていた。

でも今はそんなことをする勇気がない。ここにあるのはよそのオーブンで、それが電気だったりガスオーブンだったり、慣れていないので、いちいち聞かなければならない。それがわたしにとって助けを求めにくい理由なのだ。ママもパパもいつもわたしたちを助けてくれた。

ママは世界一やさしい人で、まわりの人たちを明るく楽しくした。でもきっとだれもが自分の母親についてはそういうのかもしれない。パパは楽しい人だった。いつもトランプをしていっしょに遊んだ。両親はわたしたち兄妹になんでもしてくれた。わたしたちが願っていることをすべてかなえてくれた両親がいなくなってしまうなんて考えられない。

なぜママとパパが？　海岸での楽しいランチレストラン、タイではわたしたちはすばらしい時を過ごした。海岸からあがってくるとシャワーを浴びて海水を洗い落とし、そのあとは、少しおしゃれな洋服に着替えて、カオ・ラークの街を見て歩いた。夕方レストランでおいしい晩ごはんを食べて、ホテルに帰ってトランプをした。

今、わたしがいっしょに住んでいる人たち。でもそこには両親はいない

面倒をみてくれるという人がいることはとてもすばらしいことだ。でもはっきりいって、わたしが今住んでいる家はものすごく居心地がいいとはいえない。将来もよくはならないと思う。今住んでいる家には男の子が三人、男どうしスクーターも持っていて気が合うけれど、その中でわたし一人が女の子。だからわたしはほとんど部屋に引きこもったきりで、コンピューターの前に座っている。家族はわたしにもっと顔を見せてというけれど、わたしはすぐ悲しくなったり、怒ったり、いらいらしたりして人と衝突してしまう。だからそっとしておいてほしい。ただ、それはとてもいいにくいことだ。友達のほうが簡単。わたしはよく女友達とカフェに行く。

冬に社会福祉事務所の人がマルクスとわたしに面接をしにやって来た。わたしたちがこれからどのように生活をしていったらよいのかを話しあった。わたしたちがずっと住んでいた家に住み続けたいのかどうか。ママとパパの親類の家に住むことについても提案があった。わが家から何軒か先に住む近所の人で、わたしたちの家族と仲良く付きあっていた人たちがわたしたちを引き取りたいと申し出てくれた。そこの長男とわたしは前に付きあっていたこ

とがあるし、マルクスと末っ子は友達どうしで、よく遊びに行っていた。今わたしは彼らを「兄弟」と呼んでいるし、彼らもわたしを「姉」とか「妹」と呼んでいる。

パパがいなくてパパの親類に会うのは辛いことだ。パパと兄弟仲のよかった叔父たちと祖父母。息子を亡くした祖父母がとてもかわいそう。

友達とは今クラスは違うけれど、同じ高校に通っている。以前のようによく会うということはなくなったが、でも彼女とは仲がよい。今のクラスで友達が二人できた。彼女たちはわたしがどんな経験をしてきたのかを知っている。

タイから戻ってきた時に、ボーイフレンドができたけれど、彼を放っておいて、他の人たちと騒いだりしてしまった。その時はわたしがいちばん気分がすぐれない時だった。彼に対してあんなことをしてと今、後悔している。というのも彼はわたしを暖かく包んでくれた。彼を失ってとてもむなしい気持ちだけれど、彼とはいい友人として今も付きあっている。それに彼と彼のお母さんをわたしは心から信頼している。二人とはわたしが思ったことを話しあえるし、彼らもわたしの気持ちをよく理解してくれている。

わたしは、「児童の社会的権利を守る組織ＢＲＩＳ」のグループの集まりに参加している。そこでは何についても話すことができる。話している間に泣き出したりしても、みなそれがなぜかということを知っている。少し時間を前に戻して、ママとパパに長い手紙を書いたりもする。その手紙についての話をしたり、将来について書くこともある。グループに参加している他の子どもたちがどんな気持ちでいるのか、彼らにどんなことが起きているのかを知ることも興味深い。

最初のころ、シャワーを浴びることができるかしら？　と思った。水を見ること、水にもぐること、ボートに乗ること、水に関することすべてをわたしは恐れた。でもある時、友達の一人といっしょにわたしの新しい家族の別荘に行った。群島の中にあるひとつの島。そこでは友達といっしょに、何時間も水に飛び込んだり泳いだりできた。

六月にマルクス、叔母夫婦それに今の家族のマリアといっしょにタイをふたたび訪れた。再訪はとてもよかった。でも行く途中、飛行機の中でわたしはパニックにおちいってしまった。飛行機に乗ったことを後悔し、飛行機から出たいと、そればかり考えていた。同じようなことが起こったらどうしよう!!

なぜわたしは生き残れたのだろうか？　これまでずっと考えてきたことだ。その答が運であるということが今わかった。わたしたちにはどうにもならないことなのだ。ママとパパは運が悪かった。わたしとマルクスは運がよかった。

シャルロッテ

（シャルロッテの双生児の兄マルクスの手記は二五七ページ）

訳者あとがき

本書『パパ、ママどうして死んでしまったの』（原題。Du är hos mig ändå）はスウェーデンで二〇〇五年にハードカバー、その後ペーパーバック版が出版された。続いてフィンランド語版、英語版（Still Here with Me）が翻訳出版され、英語版は英国と米国両国で出版された。「こういう本こそ待ち望まれていた本」と国内外で高い評価を得ている。

だがなんといってもこの本の快挙は、編者であるスサン・シュークヴィスト氏が二〇〇七年、英国の権威あるヤングマインズ・ブック賞を受賞したことだ。

このヤングマインズ・ブック賞は、子どもの視点から見た世界を大人にも教えてくれる優秀な作品を発表した作家を表彰するもので、児童文学ベストセラー作家のフィリップ・プルマン氏（アストリッド・リンドグレーン記念文学賞受賞者。日本では『ライラの冒険』シリーズなどで知られる）が後援しており、受賞の理由を「子どもたちの暗い人生に光をあて、子どもたちが出会った困難と緊張を理解して、勇気づけた作品です」と述べた。ちなみにヤングマインズは、子どもの精神衛生を向上させるために組織された英国の中心的なチャリティー団体で、子どもたちを支援するためにさまざまな活動を行っている。

同賞の審査員で、作家でテレビ司会者のウイル・セルフ氏は本作品についてこのように評した。「死という極端なできごとと日常生活を結びつけ、子どもたちを励ますすばらしい仕事をなしとげました。死別を経験した人にも、あるいはそういった人たちを支える人たちにも本書を推薦したいと思う。率直で繊細で、変に感傷的にならずに読める本です」と絶賛した。

このようによい本であることがわかっていても、日本で出版社を探すのは容易なことではなかった。友人でエディターの塩田敦士さんとともに知る限りの出版社にあたったが、「すばらしい本であることはまちがいないけれど、わが社では今は出せない」と次々に断られたのには参った。出版社を決めもしないで、日本の人たちにもぜひ読んでほしいと翻訳してしまったわたしが間違っていたかとあきらめかけていた。その時、三冬社の野中文江さんが「これは今、日本が必要としている本、ぜひ出版したいと論創社の森下紀夫社長がいっていますよ。小さい会社だけれどいいかしら?」と紹介してくれた。飛び上がるほどうれしかった。編者もわたしも、熱意をもってやってくれる出版社が一番と思っていた。英語版を翻訳出版したジェシカ・キングスレイ出版社も小規模な学術出版社で、これまで出版している本とはお門違いの本だったけれど、この本にほれて出版したと聞いている。

長年スウェーデンに住んで、この国のことはよくわかっているとわたしは自負していた。ところが本書を翻訳していて、子どもたちに教えられることの実に多いこと、何も知らないではないかと反省した。そのひとつに子どもたちが亡くなった親と話をしたり、墓地に行くことだ。こちらの子どもたちはクールだからと勝手に思いこみ、そんなことをするなど考えられなかった。わたし自身父親を五歳で失ったが、父がいたら貧乏をしなくてすんだのにとか、自分のことばかりを考え、父を慕う気持ちはあまりなかった。日本で生まれ育ったわたしの方こそよっぽど現実的だったのだ。本書の子どもたちのやさしさにふれ、わたしは父を温かい気持ちで見つめ直すことができた。

伝統的にキリスト教が普及しているスウェーデンでは仏教のように法要などをする習慣がないので、墓参りをするのはそれぞれがしたいと思う時にする。子どもたちが墓地に行って、寝転びながら亡くなった親と対話をするなんてとてもすてきなことだ。わたしも今度真似してみよう。とはいっても日本の墓地では無理かもしれないが、こちらの義父母の墓地でやってみることはできる。スウェーデンの墓地はほとんどが公園のようにひろびろとしているので、季節がよければ、墓参りをかねてピクニックもできる。

スウェーデンでのお葬式のことについて少し説明すれば、人が亡くなると病院などの霊安室に運ばれる。葬儀の日取りについては家族の都合でいつでもよいが、死後三週間以降が一般的のようだ。その間に、家族は新聞に死亡広告を出したり遺品の片付けをしたりする。死亡広告には故人の名前、生年月日、葬儀の日時のほかに詩をのせたり、動物や花、十字架などのイラストをつけたりもする。お葬式の段取りは子どもたちが書いているように、牧師や葬儀屋と相談しながら決める。キリスト教以外のお葬式をしたい場合でも、教会のチャペルで行える。またモスレムやユダヤの人たちの墓地もある。世界遺産になっているストックホルムの「森の墓地」のチャペルでヒンドゥー教のお葬式に出席したことがあるが、スウェーデン人のヒンドゥー教のお坊さんが来て、すてきなお葬式を執り行なった。

葬儀の費用も日本とは比べようがないほど安い。というのも葬式に関しては遺体保存料、遺体運送料、教会とチャペルの使用料などが公的に支払われるからだ。そのかわり納税者は葬式税としてわずかな税金を納めている。そのほかに、任意なので納めなくてもいいが教会税がある。それゆえ個人にかかる葬儀の費用は葬儀屋への支払い、棺代、棺運送費、骨壷代、墓石代など、それに花代と葬儀の後に参列者をもてなす軽食あるいはコーヒーとケーキ代ぐらいのものだ。参列者も棺に捧げるバラ一輪とかを持参するだけ。墓地の使用料にしても、年間管理費として日本円にして数千円を支払うだけで墓のまわりの草とりもしてくれる。

一般のスウェーデン人は宗教心があるとはいえない。スウェーデンでは、宗教はキリスト教だけではないとの理由を含め、二〇〇〇年にキリスト教が国と分離されて国教ではなくなった。納税者の多くがその時いらい教会から脱会、任意制となった教会税を納めるのをやめた。しかし昔からの慣例としてキリスト教は人々の生活に深く根付いている。祝日は多くが宗教に関するものだし、エストニア号遭難や津波といった大きな事故や災害などがあった時には、人々は心の安らぎをもとめて教会に集まる。

この本の中のヴィルヘルムが参加した堅信礼のコース（一九〇ページ）については、赤ちゃんの時に洗礼を受けている八年生（日本の中学二年生）全員に、教会は堅信礼のお知らせを出す。ちなみに堅信礼とは洗礼をすでに受けている子どもたちが一四、五歳になった時に、信仰を持ち続けていることの確認をするための儀式だ。儀式といっても堅苦しい式ということではなく、堅信礼を通じて子どもたちがいろいろ学ぶ機会を教会が設けている。堅信礼の学習コースの期間は一年間で、一週間あるいは二週間に一度集まり、二週間の合宿もする。学習内容は宗教についてだけでなく、この年頃の子どもにかかわる問題、友達や学校、両親あるいは性についてなどもとりあげる。知識を押し付けるのではなく、話し合いながら子どもたち自身が考えて進められる学習にしているという。子どもたちが安心感や自信をもって将来を信じて生きていけるように、教会としてのメッセージを織り込みながら導くというのが目標のようだ。参加は任意で、地方の子どもたちの参加率のほうが都会よりずっと高いということ。

またリカルドが牧師を「オッレ」と名前で呼びすてにしているのを読んで（二一五ページ）、おやっと思った人も多いと思う。以前のスウェーデンはたいへんな階級社会であった。労働者階級の男性はみんなヘル（herr　英語のミスターにあたる敬称）とまとめて呼ばれたのに対し、上の階級とされる人たちは職業の業種を名前の前につけ、作家〇〇、校長〇〇とか、はては学生まで学徒〇〇のように格式ばって呼んでいた。しかし一九六〇年代に入って民主化、社会の平等化運動が起こってからは、国王以外は大使でも社長でも、あるいは子どもが教師に対しても、気軽にファーストネームで呼ぶようになった。

本文についてここでいくつかおことわりしておきたいことがある。まず本書では「子どもたち」と訳したが、原著では「児童と青少年たち」となっている。また「祖父母」については少しうるさいと思ったが、父方の、母方の、とことわりをいれた。というのはスウェーデン語では、たとえば母方の祖母であればモルモル（mormor）と呼び、モール（mor）が母のことなので母の母とすぐわかる。いっぽう父方の祖母はファルモル（farmor）、ファル（far）は父なので父の母をさし、わかりやすいが、日本語に該当することばがない。

なお、編者による「はじめに」は原著にそって訳したが、英語版を参考にし、英語からの翻訳と差し替えた部分もあることをここでおことわりしておきたい。

子どもたちの手記を訳しているうちに、子どもたちとは以前からよく知っている仲間のようにわたしには思えてきた。「その後どうしているかしら」とそれぞれの子どもたちのことをよく考える。とくに一二歳で最愛の母を父に殺されてしまったイェニファーのことが気がかりだった（二〇七ページ）。

ところが昨年の一〇月、スウェーデンの全国紙『アフトンブラーデット』に「イェニファーが学校に行っている間に、パパはママの首を絞めた」という大きな見出しがあるのが目に入った。それはわたしたちのイェニファーのことだった。その記事はイェニファーとお父さんのインタビュー記事で構成されており、それを読んでほっとした。イェニファーはなんとすてきな人に成長したんだろうと感激もした。お父さんと向き合って話している二一歳になったイェニファーは新聞の写真で見るととても美しく、温かなまなざしをしている。お父さんは刑期を終え、もとの仕事にもどって働いており、イェニファーの住まいの近くに住んでいる。父娘はお互いに助け合って生きているようだ。刑務所ではお父さんは自分の犯した罪を償うためには、すべてを断ち切り自殺するしかないと考えていた。しかし刑務所の牧師に「君が死ねば、イェニファーは父親をも失うことになるよ」と諭され、思いとどまったという。

「お父さんを許せますか」の問いにイェニファーは「許すことはできません、でも今の父を受け入れています。彼はわたしの父ですもの」と答えた。イェニファーは現在成人高校で高校の卒業資格をとるために勉強をしている。たまに学校をさぼろうとすると、お父さんに叱られるという。叱ってくれる人がいることはとても気分がいいこと。恐れているのはお父さんが事故などで死んでしまうことだという。ひとりぼっちになるのはもういや、一番辛いことだともいっていた。

津波で両親を失った双生児のマルクスとシャルロッテのことも（二五七、二六九ページ）、わたしはよくタイに旅行するので、人ごとではないと感じている。二〇〇四年一二月二六日にスマトラ沖の大地震で起きた津波では、マルクスたちのほかにもたくさんのスウェーデンの子どもたちが親を失った。五四三人ものスウェーデン人が津波で亡くなった。そのうち一二〇人が四歳以下の幼児だという。クリスマス休暇で家族連れが多かったからだ。この時にいち早く六〇〇人以上のスウェーデン人が現地に赴いて救助にあたり、犠牲者たちの大きな支えになったことはシャルロッテも書いている。外国にあってこれだけの人がすぐ支援活動に動けたのは、公的機関と私的な援助団体の間の協力がこの国ではしっかりと行われているからといえる。

スウェーデンで事故や災害があった際の緊急支援体制について少し説明すると、ＳＯＳ緊急センターは全国二〇か所にあるが、そこから警報が出ると、コミューン（市町村）の救助支援サービスがすばやく動く。全国的な事件では警察が主体となる。その時の災害規模によっても異なるが、消防署、警察、時には軍などの出動もあるが、同時に活動するのがＰＯＳＯＭグループだ。ＰＯＳＯＭは「精神的社会的支援」の略。大きな事故や悲劇的な事件が起きた場合にそなえるグループで、コミューンの中に組織されており、グループのメンバーは社会福祉機関、教会、任意団体、保険会社などの人たちだ。任意団体のボランティアたちは支援訓練を定期的に受けている一般市民で、支援に関わる時には、勤務先からの休暇が保証されている。支援活動の際の報酬はコミューンなど依頼主から支払われるが、無報酬で働く人もいる。病院にも危機支援にそなえての専門の科があり、災害時には医療面での必要な人材を担う。わたしたち外国人が事故の記事を読んでおやっと思うことは、バス事故などの報道にはＰＯＳＯＭグループの人たちが現場にかけつけ、事故に当面した人たちや遺族を支えたということが書き添えてあることだ。

津波が起きた直後には、各学校でもすぐに自校の危機対策チームのメンバーが生徒の安否確認を行った。チームは校長、教師、看護士、臨床心理士、カウンセラーからなっている。わが家の近くにあるヤーデス基礎学校（日本の小中学校）では、三人の生徒が犠牲になった。学校では教会関係者と消防署の専門家も参加して生徒の支援にあたった。生徒の中には長期にわたって心の支えが必要な子どももおり、学校としては彼らに最善を尽くして支援したという。

自分の学校の生徒の家族に被害者がいなかったとしても、テレビなどで子どもたちは災害があったことを知っている。その子どもたちの気持ちを落ち着かせる授業をエッシンゲ基礎学校の学童保育で見た。三年と四年生の子どもたちがロウソクを囲み床に座っていた。先生が津波について知っていることを話してというと、「海の下で地震が起きるんだよ」と一人の子がそくざに答えた。みんなで話しあったあと、津波の絵を描いた。このような授業がなぜ必要なのかを指導員のひとりが話してくれた。「子どもなりに津波についていろいろ考えています。でも自分の気持ちや心配を表現する機会がなくて、そのままにしておくと、不安を覚え悪夢を見たりするのです」

フディンゲ病院の危機支援活動にかかわる臨床心理士にも聞いたことがある。「心の傷を癒すのは早ければ早いほどいいのです。ある人が飛行機事故にあって命をとりとめ、その時は心の面での助けはいらないとことわりました。でも何年もあとになって、普通の乗り物にも乗れないほどの恐怖心に襲われ、その人は治療を受けざるをえなくなりました」。

津波直後、児童救済機関のセーブ・ザ・チルドレン（一六四ページ）では、教育者たちのために対策について特別セミナーを開いた。臨床心理士のひとりが「学校で先生と話す時が生徒にとってほっとするひとときです。生徒がしてほしいことは何かと生徒自身に聞いてください。かわいそうな子として避けるのではなく、悲しみを分かちあうことです」とアドバイスをした。「学校は危機にある子どもの安らぎの場でもあるのです」ともいったが、これは本書でも何人かの子どもたちがいっていることだ。

またセーブ・ザ・チルドレンではスウェーデン教会と協力して、看護大学教育の中に「悲しみにある子どもたち」を支える指導員養成講座を不定期で設けている。このように、スウェーデンではさまざまな機関が連携しながら、外面からは分からない心の傷に対するケアをすすめている。

最後にこの本の翻訳に当たっては塩田敦士さん、瀬口巴さん、夫のクラースにたいへんお世話になった。また難航した日本語版の出版元を探してくださった野中さん、そして最後に出版を快くお引き受けいただいた論創社の森下さんにも深く感謝したい。ありがとうございました。

ビヤネール多美子
二〇〇八年五月、ストックホルムにて

【編者紹介】

スサン・シュークヴィスト

スウェーデンの首都ストックホルムで 生まれる。ジャーナリスト、作家、翻訳家として活躍。1984 年にスウェーデン・ジャーナリスト大賞受賞。2007 年には本書で英国ヤングマインズ・ブック賞を受賞する。10 歳の時に父を亡くしている。

【訳者紹介】

ビヤネール多美子

東京で生まれる。ジャーナリスト。ストックホルム在住。主な著書に『スウェーデン、超高齢化社会への試み』（ミネルヴァ書房）、『スウェーデンの小さな庭から』（オークラ出版）、翻訳書に『指で見る』（偕成社）など多数。

Du är hos mig ändå
Ungdomar och barn om att mista en förälder
by SUZANNE SJÖQVIST

Copyright © Suzanne Sjöqvist 2005

パパ、ママ どうして死んでしまったの

2008 年 8 月 20 日　初版第 1 刷印刷
2008 年 8 月 25 日　初版第 1 刷発行

編　者　スサン・シュークヴィスト
訳　者　ビヤネール多美子
発行者　森下　紀夫
発行所　論創社
東京都千代田区神田神保町 2-23　北井ビル
tel. 03（3264）5254　fax. 03（3264）5232
振替口座 00160 − 1 − 155266
印刷・製本　中央精版印刷

ISBN978 - 4 - 8460 - 0776 - 8　C0098　Printed in Japan

Japanese edition ©Ronsosya 2008　Japanese text ©Tamiko Bjernér